Da Morte

Metafísica do Amor

Do Sofrimento do Mundo

Arthur Schopenhauer

TEXTO INTEGRAL

Tradução : Pietro Nassetti

Relação dos Volumes Publicados

1. Dom Casmurro
Machado de Assis
2. O Príncipe
Maquiavel
3. Mensagem
Fernando Pessoa
4. O Lobo do Mar
Jack London
5. A Arte da Prudência
Baltasar Gracián
6. Iracema
José de Alencar
7. Inocência
Visconde de Taunay
8. A Mulher de 30 Anos
Honoré de Balzac
9. A Moreninha
Joaquim Manuel de Macedo
10. A Escrava Isaura
Bernardo Guimarães
11. As Viagens - "Il Milione"
Marco Polo
12. O Retrato de Dorian Gray
Oscar Wilde
13. A Volta ao Mundo em 80 Dias
Júlio Verne
14. A Carne
Júlio Ribeiro
15. Amor de Perdição
Camilo Castelo Branco
16. Sonetos
Luís de Camões
17. O Guarani
José de Alencar
18. Memórias Póstumas de Brás Cubas
Machado de Assis
19. Lira dos Vinte Anos
Álvares de Azevedo
20. Apologia de Sócrates
Platão
21. A Metamorfose
Carta a Meu Pai
Um Artista da Fome
Franz Kafka
22. Assim Falou Zaratustra
Friedrich Nietzsche
23. Triste Fim de Policarpo Quaresma
Lima Barreto
24. A Ilustre Casa de Ramires
Eça de Queirós
25. Memórias de um Sargento de Milícias
Manuel Antônio de Almeida
26. Robinson Crusoé
Daniel Defoe
27. Espumas Flutuantes
Castro Alves
28. O Ateneu
Raul Pompéia
29. O Noviço
Martins Pena
30. A Relíquia
Eça de Queirós
31. O Jogador
Dostoievski
32. Histórias Extraordinárias
Edgar Allan Poe
33. Os Lusíadas
Luís de Camões
34. As Aventuras de Tom Sawyer
Mark Twain
35. Contos
Guy de Maupassant
36. A República
Platão
37. Elogio da Loucura
Erasmo de Rotterdam
38. Caninos Brancos
Jack London
39. Hamlet
William Shakespeare
40. A Utopia
Thomas More
41. O Processo
Franz Kafka
42. O Médico e o Monstro
Robert Louis Stevenson
43. Ecce Homo
Friedrich Nietzsche
44. O Manifesto Comunista
Marx e Engels
45. Discurso do Método
Regras para a Direção do Espírito
René Descartes
46. Do Contrato Social
Jean-Jacques Rousseau
47. A Luta pelo Direito
Rudolf von Ihering
48. Dos Delitos e das Penas
Cesare Beccaria
49. A Ética Protestante e o Espírito do Capitalismo
Max Weber
50. O Anticristo
Friedrich Nietzsche
51. Os Sofrimentos do Jovem Werther
Goethe
52. As Flores do Mal
Charles Baudelaire
53. Ética a Nicômaco
Aristóteles

54. A ARTE DA GUERRA
Sun Tzu

55. IMITAÇÃO DE CRISTO
Tomás de Kempis

56. CÂNDIDO OU O OTIMISMO
Voltaire

57. REI LEAR
William Shakespeare

58. FRANKENSTEIN
Mary Shelley

59. QUINCAS BORBA
Machado de Assis

60. FEDRO
Platão

61. POLÍTICA
Aristóteles

62. A VIUVINHA - ENCARNAÇÃO
José de Alencar

63. AS REGRAS DO MÉTODO SOCIOLÓGICO
Émile Durkheim

64. O CÃO DOS BASKERVILLES
Sir Arthur Conan Doyle

65. CONTOS ESCOLHIDOS
Machado de Assis

66. DA MORTE METAFÍSICA DO AMOR DO SOFRIMENTO DO MUNDO
Arthur Schopenhauer

67. AS MINAS DO REI SALOMÃO
Rider Haggard

68. MANUSCRITOS ECONÔMICO-FILOSÓFICOS
Karl Marx

69. UM ESTUDO EM VERMELHO
Sir Arthur Conan Doyle

70. MEDITAÇÕES
Marco Aurélio

71. A VIDA DAS ABELHAS
Maurice de Materlink

72. O CORTIÇO
Aluísio Azevedo

SÉRIE OURO

1. O LEVIATÃ
Thomas Hobbes

2. O ESPÍRITO DAS LEIS
Montesquieu

3. CRÍTICA DA RAZÃO PURA
Immanuel Kant

4. A CIDADE ANTIGA
Fustel de Coulanges

COLEÇÃO A OBRA-PRIMA DE CADA AUTOR

Da Morte

Metafísica do Amor

Do Sofrimento do Mundo

Arthur Schopenhauer

TEXTO INTEGRAL

MARTIN CLARET

CRÉDITOS

IDEALIZAÇÃO E REALIZAÇÃO
Martin Claret

CAPA
Ilustração
Cláudio Gianfardoni

MIOLO
Revisão
Rosana Gilioli

Tradução
Pietro Nassetti

Projeto Gráfico
José Duarte T. de Castro

Direção de Arte
José Duarte T. de Castro

Digitação
Conceição A. Gatti Leonardo

Editoração Eletrônica
Editora Martin Claret

Fotolitos da Capa
OESP

Papel
Off-Set Champion, 75g/m²

Impressão e Acabamento
Paulus Gráfica

Editora Martin Claret - Rua Alegrete, 62 - Bairro Sumaré
CEP 01254-010 - São Paulo - SP
Tel.: (0xx11) 3672-8144 - Fax: (0xx11) 3673-7146
www.martinclaret.com.br

Agradecemos a todos os nossos amigos e colaboradores — pessoas físicas e jurídicas — que deram as condições para que fosse possível a publicação deste livro.

Este livro foi composto e impresso no outono de 2001.

PREFÁCIO

A história do livro e a coleção "A Obra-Prima de Cada Autor"

MARTIN CLARET

Que é o livro? Para fins estatísticos, na década de 60, a UNESCO considerou o livro "uma publicação impressa, não periódica, que consta no mínimo de 49 páginas, sem contar as capas".

O livro é um produto industrial.

Mas também é mais do que um simples produto. O primeiro conceito que deveríamos reter é o de que o livro como objeto é o veículo, o suporte de uma informação. O livro é uma das mais revolucionárias invenções do homem.

A *Enciclopédia Abril* (1972), publicada pelo editor e grande empresário Victor Civita, no verbete "livro" traz concisas e importantes informações sobre a história do livro. Para completo conhecimento de nosso leitor, transcrevemos a seguir alguns tópicos desse didático estudo sobre o livro:

O livro na Antiguidade

Antes mesmo que o homem pensasse em utilizar determinados materiais para escrever (como, por exemplo, fibras vegetais e tecidos), as bibliotecas da Antiguidade estavam repletas de textos gravados em tabuinhas de barro cozido. Eram os primeiros "livros", depois progressivamente modificados até chegarem a ser feitos — em grandes tiragens — em papel impresso mecanicamente, proporcionando facilidade de leitura e transporte. Com eles, tornou-se possível, em todas as épocas, transmitir fatos, acontecimentos históricos, descobertas, tratados, códigos ou apenas entretenimento.

Como sua fabricação, a função do livro sofreu enormes modificações dentro das mais diversas sociedades, a ponto de constituir uma mercadoria especial, com técnica, intenção e utilização determinadas. No moderno movimento editorial das chamadas sociedades de consumo, o livro pode ser considerado uma mercadoria cultural, com maior ou menor significado no contexto sócioeconômico em que é publicado. Enquanto mercadoria, pode ser comprado, vendido ou trocado. Isso não ocorre, porém, com sua função intrínseca, insubstituível: pode-se dizer que o livro é essencialmente um instrumento cultural de difusão de idéias, transmissão de conceitos, documentação (inclusive fotográfica e iconográfica), entretenimento ou ainda de condensação e acumulação do conhecimento. A palavra escrita venceu o tempo, e o livro conquistou o espaço. Teoricamente, toda a humanidade pode ser atingida por textos que difundem idéias que vão de Sócrates e Horácio a Sartre e McLuhan, de Adolf Hitler a Karl Marx.

Espelho da sociedade

A história do livro confunde-se, em muitos aspectos, com a história da humanidade. Sempre que escolhem frases e temas, e transmitem idéias e conceitos, os escritores estão elegendo o que consideram significativo no momento histórico e cultural que vivem. E, assim, fornecem dados para a análise de sua sociedade. O conteúdo de um livro — aceito, discutido ou refutado socialmente — integra a estrutura intelectual dos grupos sociais.

Nos primeiros tempos, o escritor geralmente vivia em contato direto com seu público, que era formado por uns poucos letrados, já cientes das opiniões, idéias, imaginação e teses do autor, pela própria convivência que tinha com ele. Muitas vezes, mesmo antes de ser redigido o texto, as idéias nele contidas já haviam sido intensamente discutidas pelo escritor e parte de seus leitores. Nessa época, como em várias outras, não se pensava na enorme porcentagem de analfabetos. Até o século XV, o livro servia exclusivamente a uma pequena minoria de sábios e estudiosos que constituíam os círculos intelectuais (confinados aos mosteiros durante o começo da Idade Média) e que tinham acesso às bibliotecas, cheias de manuscritos ricamente ilustrados.

Com o reflorescimento comercial europeu, nos fins do século XIV, burgueses e comerciantes passaram a integrar o mercado livreiro da época. A erudição laicizou-se e o número de escritores aumentou, surgindo também as primeiras obras escritas em línguas que não o latim e o grego (reservadas aos textos clássicos e aos assuntos considerados dignos de atenção).

Nos séculos XVI e XVII surgiram diversas literaturas nacionais, demonstrando, além do florescimento intelectual da época, que a população letrada dos países europeus estava mais capacitada a adquirir obras escritas.

Cultura e comércio

Com o desenvolvimento do sistema de impressão de Gutenberg, a Europa conseguiu dinamizar a fabricação de livros, imprimindo, em cinqüenta anos, cerca de vinte milhões de exemplares para uma população de quase cem milhões de habitantes, cuja maioria era analfabeta. Para a época, isso significou enorme revolução, demonstrando que a imprensa só se tornou uma realidade diante da necessidade social de ler mais.

Impressos em papel, feitos em cadernos costurados e posteriormente encapados, os livros tornaram-se empreendimento cultural e comercial: os editores passaram logo a se preocupar com melhor apresentação e preços reduzidos. Tudo levou à comercialização do livro. E os livreiros baseavam-se no gosto do público para imprimir, principalmente, obras religiosas, novelas, coleções de anedotas, manuais técnicos e receitas.

Mas a porcentagem de leitores não cresceu na mesma proporção que a expansão demográfica mundial. Somente com as modificações socioculturais e econômicas do século XIX — quando o livro começou a ser utilizado também como meio de divulgação dessas modificações, e o conhecimento passou a significar uma conquista para o homem, que, segundo se acreditava, poderia ascender socialmente se lesse — houve um relativo aumento de leitores, sobretudo na França e na Inglaterra, onde alguns editores passaram a produzir obras completas de autores famosos, a preços baixos. O livro era então interpretado como símbolo de liberdade, conseguida por conquistas culturais. Entretanto, na maioria dos países, não houve nenhuma grande modificação nos índices percentuais até o fim da Primeira Guerra Mundial (1914/18), quando surgiram as primeiras grandes tiragens de um só livro, principalmente romances, novelas e textos didáticos. O número elevado de cópias, além de baratear o preço da unidade, difundiu ainda mais a literatura. Mesmo assim, a maior parte da população de muitos países continuou distanciada, em parte porque o livro, em si, tinha sido durante muitos séculos considerado objeto raro, atingível somente por um pequeno número de eruditos. A grande massa da população mostrou maior receptividade aos jornais, periódicos e folhetins, mais dinâmicos e atualizados, e acessíveis ao poder aquisitivo da grande maioria.

Mas isso não chegou a ameaçar o livro como símbolo cultural de difusão de idéias, como fariam, mais tarde, o rádio, o cinema e a televisão.

O advento das técnicas eletrônicas, o aperfeiçoamento dos métodos fotográficos e a pesquisa de materiais praticamente imperecíveis fazem alguns teóricos da comunicação de massa pensarem num futuro sem os livros tradicionais (com seu formato quadrado ou retangular, composto de folhas de papel, unidas umas às outras por um dos lados).

Seu conteúdo e suas mensagens (racionais ou emocionais) seriam transmitidos por outros meios, como, por exemplo, microfilmes e fitas gravadas.

A televisão transformaria o mundo todo numa grande "aldeia" (como afirmou Marshall McLuhan), no momento em que todas as sociedades decretassem sua prioridade em relação aos textos escritos.

Mas a palavra escrita dificilmente deixaria de ser considerada uma das mais importantes heranças culturais, entre todos os povos.

Através de toda sua evolução, o livro sempre pôde ser visto como objeto cultural (manuseável, com forma entendida e interpretada em função de valores plásticos) e símbolo cultural (dotado de conteúdo, entendido e interpretado em função de valores semânticos). As duas maneiras podem fundir-se no pensamento coletivo, como um conjunto orgânico (onde texto e arte se completam, como, por exemplo, num livro de arte) ou apenas como um conjunto textual (onde a mensagem escrita vem em primeiro lugar — num livro de matemática, por exemplo).

A mensagem (racional, prática ou emocional) de um livro é sempre intelectual e pode ser revivida a cada momento.

O conteúdo, estático em si, dinamiza-se em função da assimilação das palavras pelo leitor, que pode discuti-las, reafirmá-las, negá-las ou transformá-las. Por isso, um livro pode ser considerado instrumento cultural capaz de liberar informação, sons, imagens, sentimentos e idéias através do tempo e do espaço.

A quantidade e a qualidade de idéias colocadas num texto podem ser aceitas por uma sociedade, ou por ela negadas, quando entram em choque com conceitos ou normas culturalmente admitidos.

Nas sociedades modernas, onde a classe média tende a considerar o livro como sinal de *status* e cultura (erudição), os compradores utilizam-no como símbolo mesmo, desvirtuando suas funções ao transformá-lo em livro-objeto.

Mas o livro é antes de tudo funcional — seu conteúdo é que lhe dá valor (como os livros de ciências, filosofia, religião, artes, história e geografia, que representam cerca de 75% dos títulos publicados anualmente em todo o mundo).

O mundo lê mais

No século XX, o consumo e a produção de livros aumentaram progressivamente. Lançado logo após a Segunda Guerra Mundial (1939/45), quando uma das características principais da edição de um livro eram as capas entreteladas ou cartonadas, o livro de bolso constituiu um grande êxito comercial. As obras — sobretudo *best sellers* publicados algum tempo antes em edições de luxo — passaram a ser impressas em rotativas, como as revistas, e distribuídas às bancas de jornal. Como as tiragens elevadas permitiam preços muito baixos, essas edições de bolso popularizaram-se e ganharam importância em todo o mundo.

Até 1950, existiam somente livros de bolso destinados a pessoas de baixo poder aquisitivo; a partir de 1955, desenvolveu-se a categoria do livro de bolso "de luxo". As características principais destes últimos eram a abundância das coleções — em 1964 havia mais de duzentas, nos Estados Unidos — e a variedade de títulos, endereçados a um público intelectualmente mais refinado.

A essa diversificação das categorias adiciona-se a dos pontos de venda, que passaram a abranger, além das bancas de jornal, farmácias, lojas, livrarias etc. Assim, nos Estados Unidos, o número de títulos publicados em edições de bolso chegou a 35 mil em 1969, representando quase 35% do total dos títulos editados.

Proposta da coleção
"A Obra-Prima de Cada Autor"

A palavra "coleção" é uma palavra há muito tempo dicionarizada, e em geral define o conjunto ou reunião de objetos da mesma natureza ou que têm qualquer relação entre si. Relativamente à editoração, significa o conjunto não limitado de obras de autores diversos publicado por uma mesma editora, sob um título geral indicativo de assunto ou área, para atendimento de segmentos definidos do mercado.

A coleção "A Obra-Prima de Cada Autor" corresponde plenamente à definição acima mencionada. Nosso objetivo principal é oferecer, em formato de bolso, a obra mais importante de cada autor, satisfazendo o leitor que procura qualidade.

Desde os tempos mais remotos existiram coleções de livros. Em Nínive, em Pérgamo e na Anatólia existiam "coleções" de obras literárias de grande importância cultural. Mas nenhuma delas superou a célebre biblioteca de Alexandria, incendiada em 48 a.C. pelas legiões de Júlio César, quando arrasaram a cidade. A coleção "A Obra-Prima de Cada Autor" é uma série de livros composta de mais de trezentos volumes, formato de bolso, com preço altamente competitivo e encontrável em centenas de pontos dc venda. O critério empregado para selecionar os títulos foi o já estabelecido pela tradição e pela crítica especializada. Na maioria, são obras de ficção, embora possa haver textos sobre religião, poesia, política, psicologia, filosofia e obras de auto-ajuda. Inauguram a coleção quatro textos clássicos: *Dom Casmurro,* de Machado de Assis; *O Príncipe,* de Maquiavel; *Mensagem,* de Fernando Pessoa; e *O Lobo do Mar,* de Jack London.

Nossa proposta é a de uma coleção aberta quantitativamente. A periodicidade é mensal. Editorialmente, nós nos sentimos orgulhosos em poder oferecer a coleção "A Obra-Prima de Cada Autor" aos leitores brasileiros. Nós acreditamos na função do livro.

INTRODUÇÃO

Arthur Schopenhauer

O mundo como vontade e representação *é a grande obra de Schopenhauer, composta por quatro livros, e publicada em 1818. O primeiro livro é dedicado à teoria do conhecimento; o segundo, à filosofia da natureza; o terceiro, à metafísica do belo; e o último, à ética. Toda sua produção posterior pode ser definida como comentários e acréscimos aos temas ali tratados. Desse conjunto de suplementos, publicado em 1844, fazem parte* Da morte e sua relação com a indestrutibilidade de nosso ser em si *e* Metafísica do amor, *os quais, juntamente com* Contribuições à doutrina do sofrimento do mundo, *de Parerga e Paraliponema (última obra escrita e publicada por Schopenhauer, contendo pequenos ensaios sobre temas como moral, filosofia, metafísica, política, e outros) compõem o presente volume da coleção "A obra-prima de cada autor".*

A filosofia de Schopenhauer

"O mundo é minha representação": com estas palavras Schopenhauer inicia sua principal obra filosófica. A tese básica de sua concepção filosófica é a de que o mundo só é dado à percepção como representação: o mundo, pois, é puro fenômeno ou representação. O centro e a essência do mundo não estão nele, mas naquilo que condiciona o seu aspecto exterior, na coisa em-si do mundo, a qual Schopenhauer denomina "vontade". Todas as coisas — seja orgânica, inorgânica, ou consciente — são formas da objetivação dessa vontade.

A doutrina schopenhauriana da vontade parte daquela divisão kantiana da realidade do mundo em fenômeno e coisa em-si (a essência íntima das coisas). Em Kant, a razão humana, quando pretende buscar o conhecimento dessa coisa em-si, depara-se com dificuldades intransponíveis e soluções contraditórias, permanecendo um tal conhecimento, portanto, além do nosso alcance. Para Schopenhauer, embora essa essência íntima das coisas, que está encoberta pela representação, seja impermeável ao entendimento, ela é, no entanto, apreendida pela intuição. A vontade é o princípio fundamental da natureza, o substrato de todas as forças representadas nos fenômenos, no instinto sexual, no crescimento das plantas, nas pedras, enfim, no perpétuo movimento de vida e de morte.

Da vontade de vida provém todo o sofrimento, que é intrínseco à existência. Somente se aspira àquilo que não se tem: da falta do objeto desejado segue-se o sofrimento. Contudo, o prazer obtido pela satisfação do desejo é momentâneo, pois este abrirá caminho para novos desejos, sempre obstados, sempre em luta para obter sua satisfação. A felicidade não é senão o momento fugaz da ausência da infelicidade. Vem daí a perspectiva do seu pensamento caracterizada como essencialmente pessimista:

> *É uma verdade incrível como a existência da maior parte dos homens é insignificante e destituída de interesse, vista exteriormente, e como é surda e obscura sentida interiormente. Consta apenas de tormentos, aspirações impossíveis; é o andar cambaleante de um homem que sonha através das quatro épocas da vida, até à morte, com um cortejo de pensamentos triviais. Os homens assemelham-se a relógios a que se dá corda e trabalham sem saber a razão. E sempre que um homem vem a este mundo, o relógio da vida humana recebe corda novamente, para repetir, mais uma vez, o velho e gasto estribilho da eterna caixa de música, frase por frase, com variações imperceptíveis.*

Mas ao contemplarmos a nós mesmos, ao nos descobrimos joguetes da vontade, estamos, com isso, contemplando a verdade do drama cósmico da existência. Vemo-nos, agora, como emanações de uma só vontade, e os interesses de cada indivíduo passam a ser iguais aos de todos os demais, pois o egoísmo é decorrente apenas da ilusão de vontades independentes que buscam cegamente sua realização. Desse altruísmo, Schopenhauer passa à compaixão, o sentimento ético fundamental da sua concepção filosófica:

Quando a ponta do véu de Maia *(a ilusão da vida individual) se ergue diante dos olhos de um homem, de tal modo que já não faz diferença egoísta entre si mesmo e o restante dos homens, e interessa-se pelos sofrimentos dos outros como pelos próprios, tornando-se assim caritativo até à dedicação, pronto a sacrificar-se pela salvação de seus semelhantes, esse homem, chegado assim ao ponto de se reconhecer a si mesmo em todos os seres, considera como seus os sofrimentos infinitos de tudo quanto vive, e apodera-se, dessa forma, da dor do mundo. Nenhuma miséria lhe é indiferente, todos os tormentos que vê e tão raramente lhe é dado amenizar, todas as angústias de que ouve falar, inclusive aquelas que lhe é possível conceber, perturbam-lhe o espírito como se fosse ele a vítima.*

Insensível às alternativas de bens e de males que lhe sucedem em seu destino, livre de todo o egoísmo, penetra os véus da ilusão individual; tudo quanto vive, tudo quanto sofre, está igualmente junto de seu coração. Imagina o conjunto das coisas, a sua essência, a sua eterna passagem, os esforços vãos, as lutas íntimas, e os sofrimentos intermináveis; para qualquer lado que se volte, vê o homem que sofre, o animal que sofre, e um mundo que se desvanece eternamente. E une-se tão estritamente às dores do mundo como o egoísta a si mesmo. Como poderia ele, com tão grande conhecimento do mundo, afirmar com desejos incessantes a sua vontade de vida, e prender-se cada vez mais estreitamente à vida?

Perfil biográfico

Arthur Schopenhauer nasceu em Danzig, na época uma cidade livre do Báltico, em 22 de fevereiro de 1788. Quase nasceu na Inglaterra, uma vez que seus pais tinham acabado de voltar de uma viagem por esse país, à época de seu nascimento. Heinrich Schopenhauer, seu pai, era um rico comerciante, banqueiro, e conselheiro da corte; foi encontrado morto em um canal de Hamburgo, e supõe-se que se tenha suicidado. Era um homem de grande integridade moral, embora violento, segundo Schopenhauer. Quanto à mãe, Johanna Henriette Troisiner, era uma escritora popular, uma mulher dotada de grande cultura. Segundo consta, as relações entre os pais de Schopenhauer não eram muito boas. A cidade de Danzig, no ano de 1793, foi submetida pela Prússia, fazendo com que os Schopenhauer emigrassem para Hamburgo. Eis, então, aos cinco anos, o futuro filósofo sem pátria, circunstância que irá acompanhá-lo por toda a vida.

O pai de Schopenhauer desde cedo começou a preparar o filho para os negócios. Um dos requisitos para isso, supunha, era o aprendizado da língua francesa; por essa razão, deixou o filho na casa de um amigo comerciante, na França, por aproximadamente dois anos. Durante esse tempo, Schopenhauer e o filho desse comerciante estudaram juntos, com professor particular; além dos conhecimentos próprios para sua idade, aprendeu francês e também os rudimentos do latim. Ao se referir a esse período, disse Schopenhauer: "Naquela agradável cidade, localizada na desembocadura do Sena, passei a parte mais feliz da minha infância".

Ao retornar a Hamburgo, falava como um francês; contudo esquecera a língua nativa, mal conseguindo fazer-se entender neste idioma. Passou a freqüentar a escola para os filhos das famílias mais abastadas da cidade, onde, por quatro anos, foi educado para ser um homem de negócios.

Mas Schopenhauer não via qualquer atrativo na carreira comercial. Segundo ele, desde muito cedo sentira-se inclinado à filosofia: "a ciência dos verdadeiramente sábios". Quando concluiu o curso básico, aos dezesseis anos, Schopenhauer foi recomendado aos padres, pelo diretor da escola, para que prosseguisse nos estudos superiores, em virtude da grande inteligência do aluno.

Aceito no Gymnasium de Hamburgo, o jovem Schopenhauer dedicou-se com afinco à leitura dos livros. O padre, entretanto, não desconhecia o fato de que, quanto a ganhar dinheiro, a filosofia não podia competir com os negócios bancários e comerciais. Usou então de um estratagema para afastar o aluno dos estudos. Disse-lhe que escolhesse entre ficar em Hamburgo para estudar grego e latim, ou acompanhar os pais em uma viagem de turismo pela Europa; se optasse pela viagem, Schopenhauer todavia devia prometer que, na volta, apenas se dedicaria aos negócios.

Schopenhauer escolheu a viagem. Em 1803 partiram para a Holanda, a seguir, para França, e depois para a Inglaterra. Enquanto os pais viajaram pelo interior, Schopenhauer ficou em Londres, aprendendo inglês, sob a tutela de alguns religiosos. Depois de alguns meses, a família foi a Paris, para passar o período do inverno. A seguir estiveram em Viena, Dresden, Berlim e Danzig. E em 1805, depois de uma viagem de quase dois anos, estavam de volta a Hamburgo.

Schopenhauer teve, então, de cumprir a promessa feita ao padre, passando a estudar comércio e contabilidade com um destacado comerciante e senador de Hamburgo. Entretanto, era mau aluno, e sempre que podia lia outros livros que nada tinham a ver com a contabilidade.

Foi por essa época que morreu seu pai em circunstâncias misteriosas. Schopenhauer permaneceu em Hamburgo, dedicado aos negócios, e a mãe mudou-se para Weimar. Depois de dois anos, um amigo de sua mãe escreveu-lhe uma carta, na qual o animava a mudar-se para Hamburgo, onde poderia passar a se ocupar dos assuntos que realmente o atraíam, e recuperar, enfim, o tempo perdido. Schopenhauer atendeu ao pedido.

Em Weimar, depois de dois anos de muitos estudos, Schopenhauer começou a cursar a Universidade. Em 1809, sua mãe passou para o nome do filho a parte da herança paterna que lhe cabia, e que assegurou uma renda mais do que suficiente para não se preocupar com questões econômicas para o resto da vida. Schopenhauer nunca precisou trabalhar para sua sobrevivência, mostrando, aliás, desprezo pelos filósofos que, segundo ele, vendem suas idéias a quem os financia.

O relacionamento com a mãe não ia bem, em razão da diversidade de temperamento dos dois. Schopenhauer mudou-se de Weimar, matriculando-se na universidade de medicina, em Göttingen, mas em pouco tempo abandonou o curso, dedicando-se a partir daí inteiramente ao estudo da filosofia. Durante o tempo de permanência em Göttingen leu Platão e Kant, que tiveram profunda influência em seu próprio sistema filosófico.

Em 1811, transferiu-se Berlim, capital da Prússia, que era, então a cidade mais importante da Confederação Alemã, passando a estudar na Universidade de Berlim. Estudou literatura e poesia grego-romana com Wolf, história da filosofia com Schleiermacher; também estudou com Ficher, Weiss, Rosenthal, e Lichtenstein, entre outros.

Schopenhauer pretendia defender a tese de doutorado em Berlim, porém, em 1813, em virtude da proximidade das tropas de Napoleão, saiu dessa cidade, partindo para Dresden, e a seguir para Weimar, onde, após uma séria discussão, rompeu definitivamente com a mãe. Retirou-se, então, para Rudolfstadt. Nessa pequena cidade, concluiu sua tese, *A raiz quádrupla do princípio da razão suficiente*, a qual defendeu na Universidade de Jena.

De Jena, Schopenhauer retornou a Weimar. Goethe havia lido a tese de Schopenhauer, e quis conhecê-lo pessoalmente. Pediu ao filósofo que lesse sua *Teoria das Cores*, e passaram a se encontrar com freqüência, para discutir sobre as cores e outros temas, daí nascendo uma grande amizade.

Prosseguiu os estudos em Desden, cidade para onde se transferiu, em 1814. Aí permaneceu por cinco anos, fazendo uso da ótima biblioteca dessa cidade (a Biblioteca Real), e desenvolvendo, a partir de sua tese de doutorado, seu sistema filosófico.

Em 1816 publicou um tratado sobre as cores, que divergia em muitos aspectos do de Goethe, o qual se sentiu ofendido, e a amizade entre ambos acabou se deteriorando.

Em 1818 terminou seu sistema filosófico, empreendendo a seguir uma longa viagem pelo estrangeiro: Viena, Veneza, Florença, Roma, Pompeia, Herculano.

Em 1820 obteve uma cátedra de filosofia na Universidade de Berlim. Nessa época já havia escrito "*O Mundo como vontade e representação*", que fora publicado em 1819. Sua atividade docente, entretanto, não obteve êxito: suas aulas não despertavam interesse, sendo freqüentadas por apenas três alunos. Por outro lado, as classes de Hegel, que também dava aulas naquela universidade, viviam repletas.

Em 1831, amargurado por seu isolamento, e em virtude de uma epidemia de cólera que se alastrou pela cidade, Schopenhauer abandonou Berlim, mudando-se para Frankfurt-sobre-o-Meno, cidade onde permaneceu até o final de sua vida.

Em 1839, Schopenhauer recebeu a medalha de ouro em um concurso promovido pela Real Academia Noruega, cujo tema era o "livre-arbítrio". Esse prêmio foi uma das raras honras públicas que recebeu em vida, e seu profundo agradecimento por essa distinção se manifesta em sua obra repetidas vezes. Em 1840, inscreveu um trabalho no concurso promovido pela Real Academia Danesa.

Em 1844, Brockhaus reeditou a obra principal de Schopenhauer, o qual renunciou a qualquer pagamento, reservando para si, porém, os direitos futuros sobre o livro. Em 1851, depois de solicitar repetidas vezes a vários editores que publicassem seu trabalho *Parerga e Paralipomena* (seus comentários e glosas a *O mundo como vontade e representação*), conseguiu, por meio de um de seus pouquíssimos amigos, Julius Frauenstädt, fazê-la publicar em Berlim. Foi somente a partir de 1848, depois da revolução burguesa alemã, que a obra de Schopenhauer começou a ser difundida.

Em Frankfurt, Schopehauer vivia quase inteiramente recluso. Tinha no máximo cinco amigos, os únicos aos quais se dignava a dirigir a palavra. Mas suas amizades sempre duraram pouco, e o rompimento freqüentemente ocorreu de maneira violenta. Wilhelm Gwiner, outro dos raros amigos do filósofo, deixou uma descrição de Schopenhauer por meio da qual nos foi possível conhecer um pouco do caráter desse grande pensador. Disse Gwiner que "Jamais existiu um homem que tenha se sentido tão só como Schopenhauer. Um anacoreta é um ser sociável comparado a ele, pois o isolamento do primeiro se deve a motivos práticos, ao passo que para Schopenhauer o isolamento era o resultado do conhecimento".

Contexto filosófico e cultural

1788

Nascimento de Schopenhauer em Danzig, no dia 22 de fevereiro.
Kant: Crítica da razão pura.

1789

Revolução francesa.
Washington é o primeiro presidente dos Estados Unidos.

1793

Os Schopenhauer se mudam para Hamburgo.
Kant: A religião dentro dos limites da mera razão.

1803-1804

Napoleão é imperador pela Europa.
Beethoven compõe a Heróica.

1805

Suicida-se o pai de Schopenhauer; este permanece em Hamburgo e sua mãe muda-se para Weimar.
Napoleão é rei da Itália.

1806

Batalha de Jena: os franceses entram em Berlim.

1807

Schopenhauer inicia seus estudos no Liceu de Weimar.
Invasão francesa na Espanha.
Hegel: Fenomenologia do Espírito.
Fichte: Discursos à nação alemã.

1808

Goethe: Fausto *(primeira parte).*

1811

Ingresso de Schopenhauer na Universidade de Berlim, onde estuda filosofia.

1813

Sobre a raiz quadrupla do princípio de razão suficiente.
Guerra de libertação da Alemanha.
Nascimento de Kierkegaard.

1814

Schopenhauer rompe relações com a mãe e muda-se para Dresden.
Napoleão abdica e se retira para a ilha de Elba.

1819

O mundo como vontade e representação.

1820

Schopenhauer é docente em Berlim.

1836

Sobre a vontade na natureza (ensaio).

1841

Os dois problemas fundamentais da ética.
Feuerbach: A essência do cristinanismo.

1844

Segunda edição de *O mundo como vontade e representação.*
Kierkegaard: O conceito da angústia.
Nascimento de Nietszche.

1851

Parerga e Paralipomena.

1860

Schopenhauer morre em Frankfurt-sobre-o-Meno, em 21 de setembro.
Fechner: Elementos de psicologia.

Da morte e sua relação com a indestrutibilidade do nosso ser-em-si*

* Na obra *O mundo como vontade e representação*, este texto encontra-se no "Suplemento ao livro quarto", capítulo XLI. (Nota do T.)

Da morte e sua relação com a indestrutibilidade do nosso ser-em-si

A morte é propriamente o gênio inspirador, ou a musa da filosofia, e por isso Sócrates a definiu como "preparação para a morte". Sem a morte, seria mesmo difícil que se tivesse filosofado. Será natural, portanto, que se dê lugar aqui, no começo do último, do mais sério e mais importante dos meus livros, a uma especial consideração a respeito dessa questão.

O animal vive sem ter conhecimento da morte: por isso o indivíduo do gênero animal desfruta imediatamente de toda a imutabilidade da espécie, visto que só tem consciência de si como infinito. Entre os homens surgiu, com a razão, por uma conexão necessária, a certeza terrível da morte. Mas, como sempre na natureza a todo mal é dado um remédio, ou pelo menos uma compensação, então essa mesma reflexão, que nasce da idéia da morte, também nos leva às concepções metafísicas consoladoras, das quais a necessidade e possibilidade são igualmente desconhecidas ao animal. É, em especial, em torno desse fim que se dirigem todos os sistemas religiosos e filosóficos, que são, portanto, como que o antídoto que a razão, por força de suas reflexões, fornece contra a certeza da morte. Difere bastante, porém, o grau em que se atinge esse fim, e sem dúvida uma religião ou filosofia capacitará melhor que outra o homem a mirar a face da morte de um modo tranqüilo. Ensinando ao homem a considerar-se como o próprio ser originário, o Brama, no qual a essência não encerra nem nascimento nem perecimento, o bramanismo e o budismo terão um melhor resultado que as religiões que consideram o homem formado a partir do nada, e deixam iniciar com o nascimento sua existência, que ele recebeu de um outro. Assim, encontramos na Índia uma confiança na morte, e um menosprezo por ela, dos quais não se encontra nenhuma noção na Europa. Com efeito, é muito grave isso de, acerca de um assunto tão importante, imprimir precocemente no espírito do homem noções frágeis e inconsistentes, tornando-o, assim, incapaz para sempre de alcançar o que é mais justo e mais sólido. Ensinar-lhe, por exemplo, que apenas há instantes veio do nada, que portanto por toda uma eternidade ele não era nada, e malgrado isso, no futuro deverá ser imortal, é como ensinar-lhe que, embora seja ele a obra de um outro, no entanto deve ser responsável por seus atos e conduta por toda a eternidade. Mais tarde, quando seu espírito estiver amadurecido e capaz de refletir, a inconsistência dessas doutrinas virá à tona, e ele nada terá de melhor para pôr em seu lugar, e nem mesmo será capaz de entender isso, assim perdendo a consolação que a própria natureza lhe destinara como compensação da certeza da morte. Por causa de um desenvolvimento desse tipo, vemos hoje mesmo (1844), na Inglaterra, entre trabalhadores de fábrica corrompidos, os socialistas, e entre estudantes corrompidos, os jovens hegelianos, na Alemanha, se afundarem em uma doutrina materialista absoluta, que conduz à fórmula final: *edite, bibite, post mortem nulla voluptas* [1], e que pode ser designada por bestialidade.

No entanto, considerando tudo o que foi ensinado sobre a morte, é incontestável que, pelo menos na Europa, a opinião dos homens, e muitas vezes a de um mesmo indivíduo, fique mais de uma vez a oscilar entre a noção da morte como aniquilação absoluta e a crença de que somos imortais, por assim dizer, em carne e osso. As duas concepções são igualmente falsas; mas a esse respeito temos menos de encontrar um justo meio entre elas, que nos elevar a um ponto de vista superior, a partir do qual opiniões desse tipo se desvaneçam por si mesmas.

Dentro destas considerações, quero, antes de tudo, partir de um ponto de vista inteiramente da experiência. Um primeiro fato incontestável se apresenta a nós: de acordo com a consciência natural, não é somente em relação a si próprio que o homem teme mais a morte que qualquer outro mal; ele deplora vivamente a morte dos seus, e manifestamente não é de uma maneira egoísta, por causa de sua perda própria, mas por compaixão pelo grande mal que sucede a outrem; assim, ele também censura, reputando como duro de coração e insensível, aquele que, em situações como essa, não de-

[1] "comei, bebei, depois da morte não há prazer". (N. do T.)

monstra sofrimento. Paralelo ao primeiro, temos o fato de que a paixão da vingança, em seu grau mais elevado, pede a morte do adversário como a pior das sentenças que se pode decretar contra ele. As opiniões mudam segundo o tempo e o lugar, mas a voz da natureza permanece igual, sempre e em toda parte; é por essa razão que deve ser ouvida antes de tudo. Então aqui ela parece pronunciar claramente que a morte é um grande mal. Dentro da linguagem da natureza, morte significa aniquilação. E que a morte é uma coisa séria, já se deixa concluir pelo fato de a vida, como todos sabem, não ser uma brincadeira. Sem dúvida, nada temos de mais digno a receber do que ambas.

De fato, o temor da morte é independente de todo conhecimento, pois o animal o possui, ainda que não conheça a morte. Tudo o que nasce já o traz consigo. Esse temor da morte *a priori* é justamente o reverso da vontade de vida, fundo comum de nosso ser. Em cada animal, junto com o cuidado inato com a conservação está também o medo inato da aniquilação absoluta: é este, portanto, e não o simples desejo de evitar a dor, o que se manifesta na preocupação inquieta do animal, o qual procura garantir a si próprio, e mais ainda à sua prole, contra todo inimigo capaz de lhes causar mal. Por que o animal foge, treme e procura se esconder? Porque ele é pura vontade de vida, mas, como tal, destinado à morte, quer ganhar tempo. Por sua natureza, o homem não é diferente. O pior dos males, o mais terrível dos perigos que pode nos ameaçar, é a morte; o maior terror é o da morte. Nada nos arrasta tão irresistivelmente à mais viva simpatia do que a visão de um outro homem em perigo de morte; não há espetáculo mais medonho do que uma execução. O apego ilimitado à vida, que se mostra aqui, não pode provir do conhecimento e da reflexão; bem ao contrário, à luz de um exame ponderado tal apego parece insensato, pois o valor objetivo da vida é bem incerto, e é pelo menos duvidoso se a ela, a vida, não seria preferível o não-ser, e mesmo se se consultasse a reflexão e a experiência, é o não-ser que deve prevalecer. Vá bater nos túmulos e perguntar aos mortos se querem ressuscitar: eles sacudirão a cabeça em um movimento de recusa. Essa é a mesma conclusão de Sócrates na *Apologia* de Platão, e mesmo o amável e jovial Voltaire não pode se abster de dizer: "*On aime la vie, mais le néant ne laisse pas d'avoir du bon*" [2]; ou ainda: "*Je ne sais pas ce que c'est que la vie*

[2] "Ama-se a vida; mas o nada não deixa de ter o seu lado bom." (N. do T.)

éternelle, mais celle-ci est une mauvaise plaisanterie” [3]. Ademais, a vida deve, em todos os casos, findar-se, e, então, os poucos anos que talvez ainda restam para viver desaparecem por completo diante do tempo infinito no qual não mais se existirá. Parece mesmo ridículo à razão inquietar-se tanto com tão curto espaço de tempo, tremer tanto quando a nossa vida, ou a de um outro, se encontra em perigo, e compor dramas dos quais o conteúdo patético tem a sua mola tão-somente no medo da morte. Dessa forma, aquele poderoso afinco à vida é cego e irracional; o que o pode explicar é somente o fato de que, em si mesmo, todo o nosso ser já é vontade de vida, para o qual esta vida, pois, tem de valer como o bem supremo, por mais amarga, breve e incerta que ela possa ser; e pelo fato de que a vontade, em si e em sua origem, é cega e desprovida de conhecimento. O conhecimento, ao contrário, bem longe de ser a causa do apego à vida, atua em sentido oposto; ele revela o pouco valor da vida, e combate, desse modo, o medo da morte. Quando prevalece o conhecimento o homem avança ao encontro da morte com o coração firme e tranqüilo, e daí honramos sua conduta como grandiosa e nobre; celebramos então o triunfo do conhecimento sobre a vontade de vida cega, sobre aquela vontade que nada mais é que o princípio da nossa própria existência. Do mesmo modo, desprezamos o homem no qual o conhecimento sucumbe naquela luta, o homem que se apega sem reservas à vida, insurgindo-se com toda a sua força à proximidade da morte, e se desespera à sua chegada [4]; e no entanto o que nele se expressa não é senão a essência originária de nós mesmos e da natureza. E como, pode-se perguntar aqui de passagem, o amor sem limite à vida e o esforço para conservá-la e prolongá-la o mais possível poderiam ser considerados mesquinhos, desprezíveis e igualmente indignos dos seguidores de cada doutrina religiosa, se tal vida fosse um presente que deveríamos agradecer à benevolência de

---

[3] “Eu não sei o que é a vida eterna, mas esta é uma brincadeira de mau gosto”. (N. do T.)

[4] Nota de Schopenhauer — *In gladiatoriis pugnis timidos et supplices, et, ut vivere liceat, obsecrantes etiam odisse solemus; fortes et animosos, et se acritermorti offerentes servare cupimus.* (“Na luta de gladiadores deploramos os que, tímidos e suplicantes, imploram pela vida; os valentes e animosos, que se oferecem tempestuosos à morte, destes gostamos de conservar a vida.”) Cícero, *Pro Milone*, c. 34.

algum deus? E como, pois, poderia o desprezo à vida parecer grande e nobre? Entretanto, por meio dessas considerações se confirma: 1º) que a vontade de vida é a essência íntima do homem; 2º) que em si essa vontade é cega e desprovida de conhecimento; 3º) que o conhecimento é um princípio estranho à origem, e mais tarde é acrescido à vontade; 4º) que há uma luta entre os dois princípios — conhecimento e vontade —, e nosso juízo aplaude a vitória do conhecimento sobre a vontade.

Se o que faz a morte nos parecer tão assustadora fosse a idéia do *não-ser*, então deveríamos experimentar o mesmo temor diante do tempo em que ainda não éramos. Pois é incontestável que o não-ser do depois da morte não pode ser diferente daquele anterior ao nascimento; ele não merece, portanto, ser mais lamentado. Toda uma infinidade de tempo fluiu quando ainda não éramos, mas isso não nos aflige de modo algum. Mas, ao contrário, o fato de que após o intermédio momentâneo de uma existência efêmera uma segunda infinidade de tempo deva se seguir, na qual não seremos mais, para nós parece uma dura e até mesmo intolerável condição. Deveria essa sede de existência, então, ter-se originado do fato de que nós a saboreamos e a achamos preferível a todos os outros bens? Com certeza, não; acima isso já foi explicado brevemente: a experiência feita poderia muito bem ter despertado em nós uma aspiração infinita pelo paraíso perdido do não-ser. Também a esperança de uma imortalidade da alma vem sempre ligada à de um mundo melhor, prova de que o mundo presente não vale muita coisa. A despeito de tudo isso, em discussões orais e em livros a questão sobre o nosso estado após a morte foi com certeza muito mais abordada do que a do nosso estado antes do nascimento. Em teoria, contudo, o segundo é um problema tão natural e legítimo quanto o primeiro, e resolvê-lo seria um meio de ver igualmente claro o outro. Quantas belas declamações não temos sobre o quanto seria chocante a idéia de que o espírito do homem, esse espírito capaz de abarcar o mundo, pleno de tão elevados e excelentes pensamentos, também descesse para o túmulo! Mas sobre o fato de como esse espírito deixou passar toda uma infinidade de tempo antes de ter nascido com estes seus atributos, e que o mundo, durante todo esse tempo, tenha se arranjado sem ele, não se ouve uma palavra. E, todavia, nenhuma questão se põe mais naturalmente ao conhecimento não corrompido pela vontade do que esta: "um tempo infinito escoou antes do meu nascimento: que eu era durante todo esse tempo?" A metafísica poderia talvez fornecer esta resposta: "eu fui sempre eu; na verdade durante aquele tempo todos aqueles que diziam *eu*, eram eu mesmo". Mas afastemo-nos das considerações desse tipo, e voltemos ao nosso ponto de vista ainda totalmente empírico, ao alcance de nossa mão, e admitamos que eu não existia: agora posso me consolar sobre aquele tempo infinito após a minha morte, quando não serei, tanto quanto o tempo infinito quando não fui, como um estado bem conhecido de mim, e bastante confortável. Pois a infinitude *a parte post* [5] sem mim será tão pouco temível quanto a infinitude *a parte ante* [6] sem mim; com efeito, elas em nada se distinguem, a não ser pela mediação de um sonho efêmero de vida. Da mesma forma, todas as demonstrações em favor da continuação da existência após a morte se deixam igualmente bem aplicar *in partem ante* [7], para demonstrar então a existência antes da vida: admitindo isso, os hinduístas e budistas, portanto, mostram-se conseqüentes. Somente a idealidade do tempo, de Kant, resolve todos esses enigmas, mas ainda não é o momento de falarmos sobre isso. Uma conclusão resulta do assunto precedente: que não é menos absurdo lamentar o tempo em que não mais se será, quanto o seria a respeito do tempo em que ainda não éramos; pois entre o tempo que não é preenchido pela nossa existência e o tempo que é preenchido por ela, existe uma relação de futuro ou passado? Isso importa muito pouco.

Abstraindo essas considerações a respeito do tempo, evidentemente é absurdo considerar o não-ser como um mal; com efeito, todo mal, como todo bem, tem por pressuposto a existência, e mesmo a consciência; mas essa consciência cessa com a vida, como também no sono e no desmaio; sabemos, portanto, com certeza e por uma experiência familiar, que a desaparição da consciência não comporta nenhum mal, e em todo caso a produção desse fenômeno é coisa de um instante. É desse ponto de vista que Epicuro examinou a morte, e assim tinha toda razão em dizer que "a morte não nos concerne"; pois, disse ele que, quando somos, a morte não é, e quando a morte é, não somos mais (Diógenes Laércio, X, 27). A perda de algo de que não podemos constatar a

---

[5] posterior. (N. do T.)

[6] anterior. (N. do T.)

[7] na parte anterior. (N. do T.)

ausência não é nenhum mal: quem o poderá negar? Assim, o tornar-se não-ser não pode nos afetar, da mesma forma que o não-ter-sido. Do ponto de vista do conhecimento, o medo da morte parece carecer de fundamento: ora, é no conhecimento que consiste a consciência; a morte para a consciência, portanto, não é um mal. Assim, na verdade não é essa parte cognoscente de mim que teme a morte; é somente da vontade cega, que preenche todo ser vivente, que procede a *fuga mortis* [8]. Mas, conforme já indicamos acima, ela é um elemento essencial aos seres viventes, justamente porque tal vontade é vontade de vida, sem outra razão de ser que uma necessidade imperativa de existência e de duração, e que, privada originariamente do conhecimento, não pode estar junto com este, mas só depois de sua objetivação nas criaturas individuais. Quando então a vontade de vida, depois dessa objetivação, considera a morte como o fim do fenômeno com o qual ela se identificou e pelo qual se vê, portanto, limitada, todo o seu ser se debate contra ele com fúria. Quanto a saber se, de fato, há algum mal real na morte para ser temido, nós examinaremos a seguir, e, nesse caso, nos recordaremos da verdadeira fonte, aqui demonstrada, do temor da morte, com a distinção necessária estabelecida por nós entre a parte cognoscente e a volitiva do nosso ser.

Das considerações até agora, resulta que o horror da morte, para nós, não é tanto o fim da vida, pois isso não pode parecer a ninguém como particularmente digno de pesar, mas antes a destruição do organismo, uma vez que este é a própria vontade de vida que se manifesta como corpo. Mas essa destruição nós a sentimos realmente só nos males da doença ou da idade; ao contrário, a morte mesma, para o sujeito, consiste apenas no momento em que a consciência desaparece, e que cessa a atividade cerebral. A extensão ulterior dessa parada a todas as outras partes do organismo já é propriamente um fenômeno posterior à morte. A morte, de um ponto de vista subjetivo, concerne pois somente à consciência. Quanto à natureza desse desaparecer da consciência, cada um pode de certo modo fazer uma idéia a partir do torpor que antecede o adormecer; mas o conhecerá melhor quem já sofreu um verdadeiro desmaio, pois aí a passagem de um estado ao outro não é tão gradual nem entremeada por sonhos: primeiro desaparece, ainda com plena consciência, a

[8] fuga da morte. (N. do T.)

visão, e depois, sem transição, sucede a mais profunda ausência de consciência; a sensação, enquanto dura, é apenas desagradável, e se o sono é o irmão da morte, o desmaio é seu irmão gêmeo. Também a morte violenta não pode ser dolorosa, pois feridas, mesmo as graves, em geral não são sentidas imediatamente, mas só depois de algum tempo, e em muitos casos apenas são notadas por seu aspecto exterior; elas são rapidamente mortais, e a consciência desaparecerá antes dessa descoberta; se tais feridas acarretarem a morte, mais tarde, tudo se passará como em outras doenças. Assim, também, todos os que perderam a consciência na água, ou por vapores de carvão ou por estrangulamento, ao acordarem dizem, como se sabe, que a desaparição da consciência acontece sem dores. E por fim, a morte propriamente natural, a morte causada por velhice, a eutanásia, é um desaparecer gradativo, um dispersar de nossa existência, que sucede sem sentirmos. Pouco a pouco, com a velhice, extinguem-se as paixões e os desejos, ao mesmo tempo que a capacidade de sofrer a ação dos objetos embota; os afetos não encontram mais nenhum estímulo, porque a força de representação vai se debilitando cada vez mais, suas imagens vão ficando mais descoradas, as impressões não aderem mais em nós, passando sem deixar traços, os dias precipitam o seu curso, os eventos perdem sua importância e tudo se reveste de um matiz pálido. O ancião carrega o peso dos anos, andando de cá para lá, com seus passos vacilantes, ou repousa num canto, uma sombra, um fantasma do que era antes. Que resta ainda nele para ser destruído pela morte? Chega um dia, então, e o sono é o último, e seus sonhos são... são aqueles pelos quais se inquieta Hamlet, no monólogo bem conhecido. A meu ver, nós o sonhamos justamente agora.

Aqui se deve notar, ainda, que a conservação das funções vitais, ainda que repousem em um fundamento metafísico, não ocorre sem resistência e, conseqüentemente, sem fadiga. É a essa fadiga que o organismo sucumbe todo fim de dia, e em razão da qual suspende a função cerebral e reduz certas secreções, a respiração, o batimento do pulso e a temperatura. Concluí-se daí que o cessar completo das funções vitais deve proporcionar um alívio singular à força motriz que o dirige, o qual talvez tenha participação na expressão de doce satisfação no semblante da maioria dos mortos. De um modo geral, o instante de passagem da vida para a morte é comparável ao acordar de um sono pesado, cheio de visões e pesadelos.

Até aqui resulta que, propriamente falando, por mais temida

que seja, a morte não pode ser um mal. Muitas vezes ela aparece como um bem, como uma coisa desejada, como uma verdadeira amiga. Para todos os que, no curso de sua existência ou de seus esforços, deparam com obstáculos intransponíveis, para todos os que sofrem de doenças incuráveis ou desgostos inconsoláveis, existe um derradeiro refúgio, que muitas vezes se oferece por si mesmo: o retorno ao seio da natureza, de onde eles emergiram por um instante, atraídos pela esperança de condições mais favoráveis de existência do que as lá encontradas; eles tornam a pegar o mesmo caminho, que sempre lhes permanece aberto. Esse retorno é a *cessio bonorum* [9] do vivente. Entretanto, mesmo agora esse retorno não se dará senão depois de uma luta física ou moral: tão viva é a repugnância que todos sentem em retornar àquele estado que abandonam com tanta facilidade e solicitude por uma existência tão rica em sofrimentos e tão pobre em alegrias! — Os hindus dão ao deus da morte, *Yama*, duas faces: uma horrível e temível, a outra amável e benévola. As considerações precedentes já nos dão, em parte, a explicação desse costume.

No terreno da experiência, no qual temos nos mantido, a consideração seguinte se oferece por si mesma e, assim, é digna de, mediante esclarecimento, ser determinada de modo preciso e, desse modo, ser remetida à sua justa medida. O exame de um cadáver mostra-me que a sensibilidade, a irritabilidade, a circulação do sangue, a reprodução, etc., cessaram. O princípio ativo que presidia suas funções, algo que sempre foi desconhecido para mim, cessou de agir sobre seu corpo e se afastou: isto eu posso concluir com segurança. Irei eu acrescentar que esse princípio teria sido justamente o que eu conheci como simples consciência, portanto como inteligência (alma)? Esta seria uma conclusão injusta: não somente ilegítima, como de uma falsidade evidente. Com efeito, a consciência sempre se revelou para mim não como causa, mas como produto e resultado da vida orgânica, aumentando e diminuindo, em seguimento a esta, nas diferentes idades da existência, no estado de saúde e no de doença, no sono, no desmaio, no acordar, etc.; ela é sempre efeito e nunca causa da vida orgânica, sempre se manifestando como uma coisa que surge e desaparece, para reaparecer em seguida, enquanto existirem as condições necessárias para sua existência,

[9] cessão dos bons poderes. (N. do T.)

mas não fora dessas condições. Outra observação que eu posso ter feito: bem longe de reduzir e deprimir as outras forças, ou de pôr a vida em perigo, a perturbação completa da consciência, a demência, eleva essas forças a um alto grau, notadamente a irritabilidade ou a força muscular, aumentando, em vez de encurtar, a vida, sem a intervenção de outras causas concomitantes. Mais: conheci a individualidade como atributo de cada organismo e, conseqüentemente, se se trata de um organismo consciente, também da consciência. Mas não existe nenhuma razão para concluir que tal individualidade seja inerente ao princípio gerador que confere a vida, cuja natureza eu ignoro completamente, e menos ainda quando vejo que em toda parte na natureza cada fenômeno isolado é a obra de uma força universal, atuante em milhares de fenômenos idênticos. — Mas, por outro lado, tampouco há razão para concluir que, por ter a vida orgânica cessado, também aquela força que até então nela atuava tornou-se nada, da mesma forma que não se deve concluir a morte do fiandeiro da imobilidade da roda de fiar. Se, mediante o reencontro do seu ponto gravitacional, um pêndulo finalmente chega ao repouso, perdendo assim a aparência de vida individual que o animava, então pessoa alguma irá supor que a gravidade foi reduzida a nada; mas cada um concebe que tanto agora como antes, ela se exprime em inumeráveis fenômenos. Sem dúvida, pode-se objetar contra essa comparação que também aqui, nesse pêndulo, a gravidade não cessou de agir, mas apenas não nos era visível a sua atividade. Quem insistir nessa objeção pode, em vez do pêndulo, pensar num corpo eletrificado, no qual, depois de sua descarga, a eletricidade de fato cessou de ser ativa. Quis somente mostrar com isso que nós atribuímos uma eternidade e uma ubiqüidade imediatas às forças naturais as mais inferiores, das quais a duração efêmera de suas manifestações fugazes em nenhum momento nos induz ao erro. Tanto menos, portanto, pode nos ocorrer considerar a cessação da vida como aniquilação do princípio vital, considerar a morte como desaparição completa do homem. Não existe mais o braço forte que retesou, há três mil anos, o arco de Odisseu; mas um espírito bem-regrado e razoável irá acreditar na destruição total da força que agitava com tanta energia aquele braço? E, em ulteriores reflexões, irá ainda considerar que a força que hoje retesa o arco começou a existir com esse braço? É bem mais correto pensar que a força que antes animava uma vida agora apagada é a mesma que é ativa na vida agora florescente. Isso é quase incontestável. Todavia, com certeza, como mostrei no livro segundo, sabemos que apenas o transitório é concebível na cadeia causal, e esse transitório são apenas os estados e as formas. Ao contrário, ao abrigo da mudança provocada pelas causas, permanecem por um lado a matéria, e por outro, as forças naturais, elementos que são o pressuposto de todas as mudanças. Contudo, o princípio que nos anima, temos antes de pensá-lo como uma força natural, pelo menos até que uma investigação mais aprofundada nos permita conhecer a sua natureza íntima e verdadeira. Assim, já considerada como força natural, a energia vital permanece por inteira à margem da mudança de estados e formas que a série contínua de efeitos e causas produz, e somente à qual estão submetidos o nascimento e a morte, como se mostra na experiência. Até aqui, portanto, deixa-se já demonstrar com segurança a eternidade de nosso verdadeiro ser. Mas isso, sem dúvida, não satisfará as exigências que se está acostumado a fazer em relação às provas da continuidade de nossa existência após a morte, e nem a consolação que se espera delas. Não obstante, é sempre alguma coisa, e o homem que teme a morte como sua aniquilação absoluta não pode desprezar a plena certeza de que o princípio mais íntimo de sua vida permanece intocado por ela. — Pode-se estabelecer o paradoxo que também aquele segundo elemento, invariável, que, ao lado das forças naturais, se mantém intocado pela mudança contínua dos estados na cadeia da causalidade, em uma palavra, a matéria, nos assegura, por sua constância absoluta, uma indestrutibilidade, em razão da qual o homem, que não é capaz de conceber nenhuma outra, poderia pelo menos esperar uma certa imortalidade. "Mas como?", dir-se-á, "a continuidade de um simples pó, da matéria bruta, deveria ser vista como a continuidade do nosso ser?" — Calma! Conheceis então esse pó? Conheceis sua natureza e poder? Aprendei a conhecê-lo, antes de desprezá-lo. Essa matéria, que agora está aí como pó e cinza, não tardará, uma vez dissolvida na água, a se tornar cristal; ela brilhará como metal, depois soltará faíscas elétricas, exteriorizará com sua tensão galvânica uma força assaz potente para decompor as combinações mais resistentes, para reduzir terra a metal; ela se metamorfoseará por si mesma em planta e animal, e de seu seio cheio de mistérios se desenvolverá aquela vida, da qual a perda vos perturba tão angustiosamente, em razão de vossa natureza limitada. Seria, então, inteiramente nulo permanecer como uma tal matéria? Afirmo seriamente que mesmo essa permanência da matéria testemunha a indestrutibilidade de nosso ser verdadeiro, mesmo se apenas em imagem e figura, ou, antes, apenas em silhueta. Para nos convencermos disso, temos apenas de recordar a explicação da matéria já feita no capítulo XXIV, [10] : dessa explicação se concluiu que a matéria pura, informe, a base do mundo da experiência, nunca percebida por si só, mas pressuposta como sempre existente, é o reflexo imediato, a visibilidade em geral da coisa-em-si, portanto da vontade; para ela, pois, sob as condições da experiência, vale o que concerne de modo absoluto à vontade em si, que exprime sua verdadeira eternidade sob a imagem da imutabilidade dentro do tempo. A natureza, como já dissemos, não mente jamais; nenhuma consideração nascida de uma concepção puramente objetiva da natureza e deduzida com lógica pode ser de uma falsidade absoluta, mas poderá ser, na pior das hipóteses, muito unilateral e incompleta. Tal é indiscutivelmente o caráter do materialismo conseqüente, como o de Epicuro, tão bom quanto a doutrina oposta, o idealismo absoluto, como o de Berkeley, por exemplo, e em geral de toda teoria fundamental de uma filosofia provinda de um *aperçu* [11] justo e de boa-fé. Entretanto, todas essas concepções são unilaterais em alto grau, e por conseqüência, malgrado suas oposições, são simultâneamente verdadeiras, pois cada delas é um ponto de vista determinado; mas se nos elevamos acima de tal ponto de vista, elas aparecem apenas como relativa e condicionalmente verdadeiras. O ponto de vista mais elevado, do qual se abarcam todas as verdades, e do qual se as reconhecem em sua verdade apenas relativa — indo mais além, todavia, se as reconhecem em sua falsidade —, esse ponto de vista pode ser o da verdade absoluta, até onde uma tal verdade é em geral acessível ao nosso espírito. Conseqüentemente, e como acabei de demonstrar, vemos, até mesmo na tese mais grosseira e portanto mais antiga do materialismo, a indestrutibilidade de nosso verdadeiro ser-em-si representada ainda como tão-só uma sombra dela mesma, pela permanência da matéria; bem como, dentro da teoria já mais elevada do naturalismo de uma física absoluta, pela ubiqüidade e a eternidade das forças naturais, dentre as quais é para se computar pelo menos a força vital. Assim, mesmo essas doutrinas primitivas contêm a afir-

---

[10] O capítulo em questão pode ser encontrado na obra principal de Schopenhauer, *O mundo como vontade e representação*. (N. do T.).

[11] intelecção. (N. do T.)

mação de que o ser vivente continua a subsistir dentro e com a natureza.

As considerações desenvolvidas até aqui, e às quais se uniram as explicações ulteriores, tiveram como ponto de partida o notável temor da morte do qual todo ser vivente é pleno. Queremos, agora, mudar o ponto de vista, e considerar uma vez, para opor à atitude do ser individual, como se comporta o todo da natureza em relação à morte; coisa que faremos permanecendo no terreno sólido da experiência.

Seguramente não conhecemos nenhuma partida mais séria do que aquela na qual a vida e a morte são os jogadores: toda decisão sobre a sorte dessa partida é aguardada por nós com extrema tensão de espírito, com o maior interesse e o maior temor, pois, a nossos olhos, vale todo o nosso ser. — A natureza, pelo contrário, que, sem nunca mentir, é sempre franca e sincera, tem sobre essa questão uma linguagem muito diferente, semelhante à de Krishna em *Bhagavad-Gita*. A morte ou a vida do indivíduo não importa em nada: é esta a sua afirmação. E ela expressa isso abandonando a vida de cada animal, e também a do próprio homem, aos acasos mais insignificantes, sem intervir por sua salvação. — Considerai o inseto que está em vosso caminho: o menor desvio, o movimento mais involuntário de vosso pé, decide sua vida ou morte. Vede o caracol do bosque, desprovido de qualquer meio para a fuga, para resistir, para lograr o adversário, para esconder-se: é uma presa pronta para o que chegar primeiro. Vede o peixe a se jogar, descuidado, na rede ainda aberta; a rã, cuja indolência natural é um obstáculo à fuga na situação em que esta significaria a salvação; vede o pássaro que não divisa o falcão planando sobre ele; a ovelha que da moita o lobo observa. Armados de pouca precaução, todos eles vão sem malícia ao encontro dos milhares de perigos que ameaçam a sua existência a todo momento. Assim, abandonar esses organismos construídos com inexprimível arte, não apenas ao instinto predatório do mais forte, mas também ao acaso mais cego, ao humor de cada louco, e ao capricho de cada criança, não é a declaração, por parte da natureza, que o aniquilamento desses indivíduos é uma coisa indiferente, sem conseqüências prejudiciais para ela, sem real importância, e que, em todos esses casos, o efeito importa tão pouco quanto a causa? É isso o que a natureza exprime tão claramente, e ela não mente nunca; apenas não comenta suas sentenças, e fala bem mais a linguagem lacônica dos oráculos. Ora, se a mãe de todas as coisas se preocupa tão pouco em largar sem proteção seus filhos entre mil perigos sempre ameaçadores, isso só pode ser porque ela sabe que, caso eles sucumbam, recaem em seu seio, onde estão protegidos e, por isso, sua queda não é mais que uma brincadeira. A atenção que ela dá aos homens é a mesma que dá aos animais. Seu enunciado, pois, estende-se aos homens: a vida e a morte do indivíduo lhe são indiferentes. E assim deveriam ser elas para nós também, em um certo sentido, pois não somos nós mesmos a natureza? Sem dúvida, se olhássemos com profundidade, concordaríamos com a natureza e consideraríamos a morte e a vida com tanta indiferença quanto ela. Entretanto, com a ajuda da reflexão, devemos explicar a ausência de cuidado e a indiferença da natureza em face da morte dos indivíduos, pelo fato de que a destruição de um tal fenômeno não afeta, em nada, a sua essência própria e verdadeira.

Prosseguindo em nossa consideração, a vida e morte, como acabamos de ver, não apenas são dependentes dos menores acidentes, como também a existência de todos os seres orgânicos é em geral efêmera, animais e plantas nascem hoje e morrem amanhã, o nascimento e a morte se seguem em uma rápida sucessão; o ser inorgânico, ao contrário, ainda que ocupando um degrau tão inferior na escala dos seres, tem assegurado uma duração incomparavelmente mais longa; só a matéria absolutamente informe tem uma duração infinitamente longa, que nós reconhecemos mesmo *a priori*. Assim, à concepção puramente empírica, mas objetiva e imparcial, de uma tal ordem das coisas, deve-se seguir o pensamento de que essa disposição é apenas um fenômeno superficial, e que esses incessantes nascimentos e mortes de forma alguma concernem à raiz das coisas; eles não são mais que uma maneira de ser relativa, e que a existência íntima e sempre misteriosa de cada coisa, furtando-se por toda parte ao nosso olhar, não é atingida, mas antes se mantém ao abrigo de todo ataque: isso temos de admitir, a despeito de nossa incapacidade de perceber e conceber como tudo se passa dessa maneira, e portanto temos de pensá-la em geral, como um tipo de *tour de passe-passe*[12] eterno. Pois que a substância mais imperfeita, a mais vil, isto é, a substância inorgânica, prossiga tranqüila a sua existência, e justamente os seres mais perfeitos, os viventes, com seus organismos de uma complexidade infinita e de uma arte inconcebível, em uma renovação radical e incessante, devam sempre nascer de novo, e depois de um curto espaço de tempo retornar ao nada absoluto, para

[12] truque. (N. do T.)

dar lugar aos novos seres, seus semelhantes, que surgem do fundo do nada para a existência, é uma concepção tão evidentemente absurda, que não pode nunca ser a ordem verdadeira das coisas, mas sim apenas um invólucro que a encobre, ou, mais precisamente, um fenômeno subordinado à constituição de nosso intelecto. Sim, todo o ser e não-ser mesmo desses seres particulares, em relação aos quais morte e vida são os contrários, não pode ser senão um fenômeno relativo: a linguagem da natureza que nô-los deu como absolutos, não pode portanto ser a verdadeira e última expressão da essência das coisas e da ordem do mundo; eles são, na verdade, apenas um *patois du pays* [13], isto é, uma imagem de uma fidelidade apenas relativa, algo para se entender *cum grano salis* [14], ou mais propriamente falando, um fenômeno derivado do nosso intelecto. — Repito que uma convicção imediata e intuitiva, do gênero que procurei desenvolver por meio de circunlocução, impor-se-á a todo homem, isto é, certamente só aquele cujo espírito não é da espécie mais comum, e sendo capaz de conhecer apenas o particular enquanto tal, é rigorosamente limitado ao conhecimento dos indivíduos, nem mais nem menos que o intelecto animal. Quem, ao contrário, por uma capacidade de espírito maior e potente, começa a vislumbrar nos seres particulares o seu princípio geral e as suas idéias, esse também participará em um certo grau daquela convicção, e a discerni-la como de uma verdade imediata e, por conseguinte, certa. De fato, são apenas as cabeças pequenas e limitadas que temem seriamente na morte a destruição total do ser: dos espíritos verdadeiramente privilegiados tal medo fica completamente afastado. Platão teve razão em fundar toda a filosofia sobre o conhecimento da doutrina das idéias, isto é, sobre a percepção do universal dentro do particular. Mas essa convicção apresentada aqui, conseqüência direta da concepção da natureza, provém sobretudo daqueles sublimes criadores do Upanixade dos Vedas, aqueles que quase não se pode conceber que tenham sido simplesmente homens; pois tal obra, a partir de mil passagens de suas sentenças, nos fala de um modo tão penetrante, que temos de atribuir essa iluminação imediata de seu espírito ao fato de que, mais próximos da origem de nossa raça, eles conceberam a essência das coisas mais clara e profun-

---

[13] provincialismo. (N. do T.)

[14] com correspondente restrição. (N. do T.)

damente do que nossa raça já enfraquecida, como os mortais são agora. Mas, sem dúvida, também sua concepção vai ao encontro da natureza da Índia, animada de uma vida bem mais intensa que essa do nosso Norte. — Não obstante, a reflexão metódica, como aquela seguida pelo grande espírito de Kant, também nos conduz ao mesmo ponto, por um outro caminho: ela nos ensina que nosso intelecto, no qual se reflete aquele mundo dos fenômenos sujeito a tão rápidas mudanças, não abarca a essência última e verdadeira das coisas, mas sim a simples manifestação dessas essências, e isso, como eu acrescento, porque o intelecto é na origem determinado só para apresentar motivos à nossa vontade, isto é, para servi-la na realização de seus fins os mais mesquinhos.

Mas continuemos nossa consideração objetiva e imparcial da natureza. Eu tiro a vida de um animal, seja um cão, um pássaro, uma rã, ou mesmo só um inseto: não é propriamente inconcebível que esse ser, ou antes a força originária em virtude da qual um fenômeno tão admirável se apresentava um instante antes em sua plena energia e vitalidade, deva dissipar-se por causa da minha maldade ou descuido? E, por outro lado, é possível que os milhões de animais de todo tipo que entram na existência, todos plenos de atividade e vigor, em uma infinita variedade — é possível que antes do ato mesmo de sua procriação, eles não tenham sido nada e do nada tenham chegado a um começo absoluto? Se vejo então um animal dessa maneira subtrair-se a meu olhar, sem que jamais eu saiba para onde ele vai, e um outro se mostra a meus olhos sem que jamais compreenda de onde ele vem; se todos os dois têm a mesma forma, a mesma natureza, o mesmo caráter, só não tendo a mesma matéria, a qual durante toda sua existência continuamente despendem e renovam, então se apresenta a hipótese de que o que desaparece e o surge em seu lugar seja um só e mesmo ser, que somente sofreu uma pequena transformação, uma renovação da forma de sua existência. Desse modo, o que a morte é para a espécie é o que o sono é para o indivíduo — essa hipótese, eu digo, se apresenta a nós tão naturalmente, que é impossível não chegar a ela, a não ser que a cabeça tenha sido torcida, desde a primeira juventude, pela impressão de teorias erradas, tomadas de forma apressada e com um medo supersticioso. Sustentar, ao contrário, que o nascimento de um animal é um aparecimento a partir do nada, e que a sua morte, por conseqüência, é sua aniquilação absoluta, e acrescentar que o homem, também provindo do nada, tem, porém, uma continuidade individual e indefinida com consciência, ao passo que o cão, o macaco, o elefante, seriam reduzidos a nada pela morte, é emitir uma hipótese contra a qual o bom senso se revolta e tem de declarar como absurda. Se, como já se repetiu à saciedade, a comparação das conclusões de um sistema com as decisões do senso comum deve ser uma pedra de toque para a verdade de uma doutrina, então desejo que uma vez mais os partidários daquela teoria, transmitida como uma herança de Descartes até os ecléticos predecessores de Kant, e que ainda agora dominam o espírito de um grande número dos homens cultos da Europa, empreguem aqui essa pedra de toque.

Sempre e por toda parte o verdadeiro símbolo da natureza é o círculo, porque ele é o esquema do retorno: com efeito, esta é a forma mais geral na natureza, a mais observada em todas as coisas, desde o curso das estrelas, até a morte e nascimento dos seres orgânicos, e o único capaz, na torrente incessante do tempo e de seu conteúdo, de servir de fundamento a uma existência permanente, isto é, uma natureza.

Contemplai no outono o pequeno mundo dos insetos: vereis como um prepara seu leito para dormir o longo e letárgico sono do inverno; o outro tece seu casulo para passar o inverno sob a forma de uma crisálida e despertar um dia, na primavera, mais perfeito e mais jovem; a maioria, enfim, que tenciona repousar no braço da morte, só se inquieta para preparar um abrigo adequado para o seu ovo, de onde, um dia, ressurgirá sob uma forma nova. Que é isso senão a grande doutrina de imortalidade da natureza, que gostaria de nos ensinar que entre sono e morte não há diferença radical, mas que uma não é para a existência um perigo maior que o outro? O cuidado com que o inseto prepara uma cela, uma pequena fossa ou um ninho, para depositar o seu ovo, ao lado de alimentos para a larva que daí surgirá na próxima primavera, e depois morre tranqüilo, é idêntico ao cuidado com o qual à noite o homem deixa preparados a sua roupa e o seu desjejum para a manhã seguinte, e depois vai dormir sem preocupações. E as duas coisas seriam igualmente impossíveis e destituídas de fundamento se, em si e segundo a sua verdadeira essência, o inseto que morre no outono não fosse idêntico ao que sai do ovo na primavera, e o homem que vai para o leito não fosse idêntico àquele que se levanta pela manhã.

Concluídas essas considerações, retornemos a nós mesmos e à nossa espécie humana; lancemos o olhar bem adiante para o futuro, e procuremos nos representar às gerações vindouras, com seus milhões de indivíduos, de costumes e modos tão estranhos para nós: uma questão, então, se nos surgiria: "mas de onde virão todos esses homens? Onde estão agora? Onde é o vasto ventre do nada, prenhe de mundos, que contém agora as raças que virão?" A verdadeira resposta, sorrindo de uma tal interrogação, seria: e onde deveriam estar senão lá, onde sempre o real foi e será, no presente e no seu conteúdo, por conseguinte em ti, interrogador iludido pela aparência das coisas, que se assemelha, nesse desconhecer do seu próprio ser, à folha da árvore, que, no outono, murchando e na iminência de cair, chora seu extinguir e não quer ser consolada com a perspectiva do fresco novo verde que revestirá a árvore na primavera, e lamenta-se: "Não sou isso! Essas folhas são totalmente outras!" Ó folha insensata! Para onde pretendes ir? E de onde devem vir as outras? Onde é o nada, cujo abismo temes?" — Conhece teu próprio ser, aquele justamente que em ti é tão sedento de existência, conhece-o na força íntima, misteriosa, na força ativa da árvore, que sempre uma e a mesma, em todas as gerações de folhas, se mantém ao abrigo do nascer e morrer. E então *Qualis foliorum generatio, talis et hominum.* [15]

Que a mosca que agora zumbe à minha volta adormece esta noite e amanhã recomeça a zumbir, ou se à noite ela morre, e na primavera uma outra mosca nascida do seu ovo vem zumbir — isso é em si uma só e mesma coisa, e o conhecimento que apresenta tudo isso como duas coisas radicalmente distintas não é absoluto, mas relativo, é o conhecimento do fenômeno, e não da coisa-em-si. A mosca existe de novo pela manhã; ela também existe de novo na primavera. Que diferença existe para ela entre o inverno e a noite? — Lemos na *Fisiologia* de Burdach, volume I, parágrafo 275: "Até às 10 horas da manhã ainda não se vê na infusão nenhuma *Cercaria efemera* [16]; ao meio-dia toda a água está formigando delas. À noite elas morrem, e na outra manhã nascem outras de novo. Nietzsche assim o observou durante seis dias seguidos".

Assim, tudo não dura mais que um momento sobre a terra e corre para a morte. A planta e o inseto morrem no fim do verão; o

---

[15] Tal como as folhas nas árvores, assim são as raças dos homens. (N. do T.)

[16] Isto é, um infusório. (N. do T.)

animal e o homem, ao cabo de alguns anos: a morte ceifa incansavelmente. Entretanto, é como se não fora no todo assim, tudo existe sempre no seu lugar e na sua ocasião, exatamente como se tudo fosse imperecível. A planta sempre verdeja e floresce, o inseto zumbe, o animal e o homem subsistem em indestrutível juventude, e as cerejas, que já saboreamos mil vezes, nós as temos novamente diante de nós, a cada verão. Também os povos permanecem como indivíduos imortais, mesmo se às vezes mudam de nome. Sua conduta, suas ações, seu sofrimento são sempre os mesmos em todos os tempos, ainda que a história pretenda nos contar sempre algo novo: ela é como o caleidoscópio, que em cada volta nos apresenta uma configuração nova, entretanto, na verdade, são sempre os mesmos elementos que passam diante dos nossos olhos. Desse modo, impõe-se-nos irresistivelmente o pensamento de que o nascimento e a morte não afetam em nada a essência verdadeira das coisas: esta permanece ilesa, é portanto imperecível, e permanece em cada ser, continuamente e sem fim. Assim, a cada dado momento no tempo, todos os gêneros animais, desde a mosca até o elefante, estão todos reunidos. Eles se renovaram muitas milhares de vezes, mas permanecem, a despeito disso, os mesmos. Nada sabem dos seus semelhantes que viveram antes, ou que viverão depois. A espécie é o que vive por todo tempo, e é na consciência da sua imortalidade e identidade que os indivíduos existem joviais e confiantes. A vontade de vida se manifesta em um presente sem fim, porque o presente é a forma de vida da espécie. Por isso a espécie não envelhece, mas permanece sempre jovem: a morte é para ela o que o sono é para o indivíduo, ou o que é para o olho o piscar das pálpebras, cuja ausência faz reconhecer os deuses indianos, quando aparecem em sua forma humana. Do mesmo modo que, à entrada da noite, o mundo desaparece, sem no entanto deixar de ser em nenhum momento, assim também, com a morte, o homem e o animal desaparecem para os olhos, subsistindo indestrutível, porém, o seu ser verdadeiro. Pense-se agora na sucessão rápida da morte e do nascimento em vibrações infinitamente céleres: então, ter-se-á diante de si a imagem de uma objetivação duradoura da vontade, as idéias permanentes dos seres, sempre imóveis e presentes como o arco-íris sobre a queda d'água. Tal é a imortalidade no tempo. Em razão desta, a despeito de milênios de morte e decomposição, nada ainda se perdeu, nenhum átomo de matéria, e muito menos uma só parcela do ser íntimo que se apresenta a nós como natureza. Por isso podemos a cada momento exclamar contentes: “Malgrado o tempo, malgrado a morte e a decomposição, estamos todos reunidos!”

Pode ser feita uma exceção para aquele que a esse jogo tivesse dito, do fundo do coração: “Basta”. Mas aqui ainda não é o lugar para se falar disso.

Contudo, é importante notar que as dores do nascimento e o amargor da morte são as duas condições constantes impostas à vontade de vida para que ela se mantenha na sua objetivação, ou seja, nosso ser-em-si, imune ao curso do tempo e à extinção das gerações sucessivas, existe num presente perpétuo e goza do fruto da afirmação da vontade de vida. Essas condições são análogas àquela que nos obriga a dormir todas as noites para que possamos estar despertos na manhã seguinte; este último dado é mesmo o comentário que a natureza nos fornece para a compreensão dessa difícil passagem do seu livro. A suspensão das funções animais é o sono, e a das funções orgânicas é a morte.

O substrato, ou o preenchimento, ou a matéria do presente, é sempre propriamente o mesmo. A impossibilidade de um conhecimento imediato dessa identidade é precisamente constituída pelo tempo, uma forma e limitação de nosso intelecto. Que em virtude do tempo, por exemplo, o futuro ainda não seja, é a conseqüência de uma ilusão, da qual percebemos o sentido quando o futuro se torna uma realidade. Que uma forma essencial de nosso intelecto produza semelhante ilusão, explica-se e justifica-se pelo fato de que o intelecto saiu das mãos da natureza não para apreender a essência das coisas, mas somente para conceber os motivos, e portanto para servir a uma manifestação individual e temporal da vontade [17].

---

[17] Nota de Schopenhauer — Não há mais do que um presente, e ele é sempre: pois é a forma única da existência real. Temos de chegar a isso para entender que o passado não é em si distinto do presente, mas só o é em nossa apreensão, que tem por forma o tempo, apresentando-nos aqueles como distintos. Para apoiar essa concepção, pense-se em todos os acontecimentos e cenas da vida humana, bons ou maus, felizes ou não, terríveis ou tranqüilizadores, tais como eles se produzem sucessivamente no decorrer dos tempos e nos diversos lugares, em mudança perpétua e enorme variedade, apresentando-se a nós como existindo todos de uma vez, ao mesmo tempo, no agora permanente, enquanto apenas em aparência existe agora isto e agora aquilo, e então se compreenderá o que significa propriamente a objetivação da vontade de vida. — A principal razão da satisfação que

O conjunto das considerações apresentadas por nós permitem que compreendamos também o sentido verdadeiro da doutrina paradoxal dos eleatas, de que não há nenhum nascer e perecer, mas que o todo se mantém imóvel: *Parmenides et Melissus ortum et interitum tollebant, quoniam nihil moveri putabant* (Stob., *Ecl.*, I, 21). [18] Do mesmo modo, ilumina-se também a bela passagem de Empédocles, que Plutarco nos conservou, no livro *Adversus Coloten*, c. 12:

Stulta et prolixas non admittentia curas
Pectora: qui sperant, existere posse, quod ante
Non fuit, aut ullam rem pessum protinus ire; —
Non animo prudens homo quod praesentiat ullus,
Dum vivunt (namque hoc vitai nomine signant),
Sunt, et fortuna tum conflictantur utraque:
Ante ortum nihil est homo, nec post funera quidquam. [19]

Não é menos digna de menção a passagem tão admirável e surpreendente pelo lugar que ocupa, no *Jacques le Fataliste* de Diderot: "*un château immense, au frontispice duquel on lisait: 'Je n'appartiens à personne, et j'appartiens à tout le monde: vous y étiez avant que d'y entrer, vous y serez encore, quand vous en sortirez'*". [20]

Sem dúvida, no sentido de que o homem, pelo nascimento, vem do nada, ele volta ao nada com a morte. Contudo, conhecer esse

---

quadros de gênero vem do fato de eles fixarem as cenas fugidias da vida. — Do sentimento da verdade aqui enunciada surgiu o dogma da metempsicose.

[18] "Parmênides e Melissos negam o nascer e o perecer, porque consideram o todo como imóvel". (N. do T.)

[19] Tolos são os que, carecendo de pensamento amplo,
Presumem que possa nascer o que nunca foi,
Ou que possa perecer e tornar-se nada no todo.
Ao sábio tal coisa nunca ocorrerá,
De que enquanto vivemos (isso que se designa vida),
Somente por certo tempo temos o bom e o ruim,
E de que, antes do nascimento e depois da morte, somos um nada. (N. do T)

[20] "um castelo imenso, em cujo frontispício se lia: 'não pertenço a ninguém, e pertenço a todo o mundo: vós lá estivestes antes de entrar, vós lá estareis ainda, quando de lá sairdes". (N. do T.)

nada na sua natureza própria, seria interessante, pois basta uma inteligência mediana para entendermos que esse nada empírico não é de maneira alguma um nada absoluto, ou seja, um nada em todos os sentidos. Já a observação empírica nos leva a entender que todas as qualidades distintivas dos pais se reencontram na criança procriada e que, assim, superaram a morte. Mas esse é um assunto ao qual dedicarei um capítulo especial.

Não há maior contraste do que aquele entre a fuga irresistível do tempo, que arrasta consigo todo o seu conteúdo, e a imobilidade rígida da realidade existente, sempre a única e a mesma em todos os tempos. E se, desse ponto de vista, vemos bem objetivamente os acontecimentos imediatos da vida, o *Nunc stans* nos aparecerá visível e claro no centro da roda do tempo. — Para um olho que vivesse incomparavelmente mais e fosse capaz de abarcar o gênero humano em toda sua duração, num só olhar, a sucessão contínua de nascimento e morte se manifestaria apenas como uma vibração incessante: não lhe ocorreria ver aí um devir perpétuo vindo do nada e para o nada; mas, assim como para o nosso olhar a faísca, em uma rotação muito rápida, tem para nós o efeito de círculo imóvel, do mesmo modo a mola, vibrada rapidamente, como um triângulo fixo, e a corda que oscila, um fuso, assim também a espécie lhe apareceria como a realidade existente e permanente, e a morte e o nascimento, como vibrações.

Teremos sempre noções falsas sobre a indestrutibilidade de nosso ser verdadeiro pela morte, enquanto não nos decidirmos a começar a estudar tal característica nos animais, em vez de arrogarmos apenas a nós uma indestrutibilidade especial, sob o ambicioso nome de imortalidade. Porém, essa pretensão, e a limitação de concepção que dela procede, é o único fator em razão do qual a maior parte dos homens se opõe de modo tão obstinado a reconhecer a verdade manifesta que, no essencial, somos idênticos aos animais: verdade que faz os homens tremerem diante da menor alusão ao nosso parentesco com os animais. Mas essa negação da verdade é a verdadeira barreira que nos fecha o caminho para o conhecimento real da indestrutibilidade de nosso ser. Pois, se se busca algo por um falso caminho, então, justamente por isso, o caminho correto foi abandonado e, no fim, por aquele logram-se somente desilusões tardias. Assim, deixando de lado caprichos preconcebidos, deixai-vos levar pelas mãos da natureza, na busca pela verdade! Antes de mais nada, aprendei a reconhecer em cada jovem animal a existência da espécie que não envelhece, e que, como um reflexo de sua juventude eterna, transmite uma juventude temporal a cada novo indivíduo, fazendo-o parecer tão novo e tão fresco, como se o mundo fosse de hoje. Pergunte-se sinceramente se a andorinha desta primavera é em tudo diferente da andorinha da primeira primavera, e se realmente entre as duas o milagre da criação vinda do nada não se renovou um milhão de vezes, para precipitar-se por outras tantas vezes na aniquilação absoluta. — Sei que, se afirmasse com seriedade a alguém que o gato ocupado em brincar neste momento no quintal é o mesmo que, há trezentos anos, fez as mesmas cabriolas e estratagemas, eu passaria por um tolo, mas sei também que é muito mais insensato acreditar numa diferença absoluta e radical entre o gato atual e aquele de há trezentos anos. — Basta que se entranhe seriamente e de boa-fé no exame de um desses vertebrados superiores, para que se perceba claramente que é impossível que esse ser insondável, tal como existe, considerado no seu todo, se reduza a nada; não obstante, por outro lado, conhece-se a sua transitoriedade. A razão dessa oposição é que nesse animal a eternidade de sua idéia (a espécie) está estampada na natureza finita do indivíduo. Pois, sem dúvida, no indivíduo temos sempre diante de nós um outro ser: nada mais verdadeiro em certo sentido, isto é, no sentido fundado no princípio de razão, sob o qual estão compreendidos também o tempo e o espaço, elementos do *principium individuationis.* [21] Porém, em outro sentido — a saber, no sentido em que a realidade concerne tão-somente às formas permanentes das coisas, às idéias, no sentido que brilhou com uma claridade tão viva no espírito de Platão, e do qual este derivou seu pensamento fundamental, o centro de sua filosofia, cuja apreensão tornou-se para ele o critério universal da capacidade de filosofar —, não é verdadeiro.

As gotas de água de uma catarata estrepitosa se dissipam como pó com a rapidez de um raio; mas o arco-íris, do qual elas são como que o suporte, está fixo em tranqüilidade inabalável, completamente intacto a essa mudança ininterrupta; do mesmo modo, cada idéia, isto é, cada espécie de ser vivente, persiste por completo intocada pela sucessão contínua dos indivíduos que ela encerra. A idéia, ou a espécie, é a raiz, o lugar onde se manifesta a vontade de vida: é o único elemento cuja duração importa verdadeiramente à vontade.

[21] princípio de individuação. (N. do T.)

Os leões, por exemplo, nascerão e morrerão; eles são como as gotas da cascata, mas a *leonitas,* a idéia ou a forma do leão, é equivalente ao arco-íris imutável que está acima da queda d'agua. Por isso para Platão somente as idéias, isto é, as *species*, têm como atributo uma existência verdadeira; quanto aos indivíduos, cabe-lhes apenas um nascer e perecer incessante. Dessa consciência mais íntima e profunda de sua natureza imperecível, deriva também a segurança e a tranqüilidade de ânimo com a qual todo indivíduo, animal ou mesmo humano, caminha sem inquietação por entre mil perigos capazes de destruí-lo a todo momento, e que, ademais, o levam ao encontro da morte. No entanto, nos seus olhos brilha a calma da espécie, à qual o desaparecimento do ser não afeta nem importa. Nem os dogmas incertos e mutáveis poderiam dar essa calma ao homem. Mas, como eu disse, a consideração de cada animal nos ensina que a morte não é um obstáculo ao desenvolvimento da substância da vida, da vontade. Que mistério impenetrável encerra cada animal! Observai o mais próximo de vós, observai o vosso cão: toda aquela alegria, toda aquela confiança de viver! Muitos milhares de cães tiveram que morrer antes que este viesse à existência. Mas a desaparição daqueles milhares de cães não afetou a idéia de cão: todas aquelas mortes não obscureceram nem um pouco essa idéia. Por isso o cão existe assim tão fresco, novo e forte, como se hoje fosse o seu primeiro dia, e o último dia não pudesse jamais chegar, e nos seus olhos brilha o princípio indestrutível, a força primitiva que o anima. O que então pereceu durante aqueles milhares de anos? Não foi o cão — ele se ergue intacto diante de nós —, mas sim a sua imagem reproduzida pelo nosso modo de conhecimento ligado ao tempo. Como então se pode acreditar no perecimento daquilo que existe sempre e sempre, e que preenche o tempo? — Sem dúvida, empiricamente a coisa se explica bem: a geração produz os indivíduos novos na mesma proporção que a morte suprime os velhos. Mas esta explicação empírica não é mais que uma explicação em aparência: ela substitui um enigma por outro. A compreensão metafísica do fenômeno, embora não seja tão simples, é a única verdadeira, a única suficiente.

Kant, em seu método subjetivo, revelou essa valiosa verdade, embora negativa, de que o tempo não pode ser concernente à coisa-em-si, porque ele existe pré-formado na nossa faculdade de compreender. Ora, a morte é o fim temporal do fenômeno temporal; mas o tempo, uma vez suprimido, não é mais o fim, e essa palavra perde toda significação. Porém, estou agora empenhado em mostrar pela via objetiva o lado positivo da questão, de mostrar que a coisa-em-si permanece imune à ação do tempo e àquilo que só é possível por ele, o nascimento e a morte, e que os fenômenos temporais não poderiam nem mesmo possuir aquela existência incessantemente fugaz e vizinha do nada, sem que encerrasse em si um germe de eternidade. A eternidade é, certamente, uma noção cujo fundamento não é uma intuição: o conteúdo desse conceito é meramente negativo, significa uma existência destituída de tempo. O tempo, todavia, não é mais que a simples imagem da eternidade, "o tempo é a imagem da eternidade", como disse Plotino; e, do mesmo modo, a nossa existência temporal não é mais que a simples imagem do nosso ser-em-si. Este tem de se situar na eternidade, justamente porque o tempo é tão-somente a forma do nosso conhecimento; e só por causa dele conhecemos nossa existência, e a de todas as coisas, como transitória, finita e destinada ao aniquilamento.

No segundo livro, expus o parecer de que a objetividade adequada da vontade como coisa-em-si, em qualquer de seus graus, é a idéia platônica; do mesmo modo, no terceiro livro, que as idéias dos seres têm por correlato o sujeito puro do conhecimento, e que em conseqüência o conhecimento dessas idéias surge apenas como exceção, dentro de condições particulares favoráveis e passageiras. Ao contrário, para o conhecimento individual, e portanto temporal, a idéia se expõe na forma da espécie, que não é mais que a idéia estendida pela sua introdução no tempo. Por isso, a espécie é a objetivação a mais imediata da coisa-em-si, isto é, da vontade de vida. A essência íntima de cada animal, e também do homem, encontra-se em conformidade com isso na espécie; é na espécie, e não no indivíduo, que se enraiza com tanta energia e força a vontade de vida. No indivíduo, pelo contrário, encontra-se apenas a consciência imediata: daí vem a ilusão de presumir-se diferente da espécie, e de então temer a morte. Em relação ao indivíduo, a vontade de vida se manifesta como fome e temor da morte; em relação à espécie, como impulso sexual e cuidado apaixonado pela descendência. Em conformidade com isso, encontramos a natureza, que enquanto tal é livre daquela ilusão do indivíduo, muito cuidadosa da conservação da espécie e indiferente ao desaparecimento dos indivíduos; para ela, estes são apenas meios e jamais os fins. Aparece por isso um contraste flagrante entre a sua avareza em prover os indivíduos, e a sua prodigalidade ao tratar da espécie. Com efeito, para esta, de um só indivíduo, por exemplo, árvore, peixe, caranguejo, térmita, pode surgir, a cada ano, milhares de germens. Quando se trata dos indivíduos, ao contrário, o quinhão de forças e órgãos que lhes é dado somente é suficiente para manter a sua vida à custa de um esforço ininterrupto: por isso, como regra geral, a mutilação ou a perda de forças acarreta para um animal a morte por inanição. E onde é possível uma economia, um órgão pode ser suprimido, em caso de necessidade. Decorre daí, por exemplo, serem privadas de olhos muitas lagartas: tateando às escuras, esses pobres animais se arrastam de folha em folha, e a falta de antenas as obrigam a se erguerem no ar, a balançarem de lá para cá os três quartos de seu corpo, até encontrarem algum objeto; muitas vezes passam ao lado do seu alimento sem encontrá-lo. Mas isso é uma conseqüência da *lex parcimoniae naturae* [22], da qual se enuncia: *natura nihil facit supervacaneum* [23], e se pode completar com *nihil largitur* [24]. — Há um outro fato em que se pode ver essa mesma tendência da natureza: quanto mais o indivíduo, em razão de sua idade, é apto a se reproduzir, tanto mais forte se manifesta nele a *vis naturae medicatrix* [25], mais facilmente suas feridas se cicatrizam, e ele se restabelece de suas doenças. Esse poder reparador decresce ao mesmo tempo que capacidade de procriação, e acaba depois que ela se extingue, pois, então, aos olhos da natureza, o indivíduo perdeu todo valor.

Lancemos agora um olhar para a escala sucessiva dos seres, junto com a gradação de consciência que lhe é inseparável, do pólipo até o homem. Que vemos então? Vemos essa maravilhosa pirâmide manter-se em oscilação incessante pela por sua vez incessante morte dos indivíduos, e contudo a cadeia da geração, nas espécies, fornece-lhe o meio de persistir através da infinitude dos tempos. Assim, como explicamos acima, ao passo que o objetivo, a espécie, aparece como indestrutível, o subjetivo, constituído pela simples consciência de si desses seres, parece ser da mais breve duração e destinado à destruição incessante, para muitas vezes ressurgir do nada, de maneira incompreensível. Mas, na verdade, é preciso ter uma visão muito curta para se deixar enganar por essa

---

[22] lei de parcimônia da natureza. (N. do T.)

[23] a natureza não faz nada supérfluo. (N. do T.)

[24] não dispensa nada. (N. do T.)

[25] o poder de cura da natureza. (N. do T.)

aparência e não compreender que, se mesmo a forma da duração temporal cabe somente ao objetivo, o subjetivo, isto é, a vontade, vivente e presente em tudo, e com ela o sujeito do conhecimento, no qual se repete o subjetivo, não deve ser menos indestrutível. Com efeito, a persistência do elemento objetivo ou externo só pode ser o fenômeno da permanência do elemento subjetivo ou interno, porque o objetivo nada possui que o subjetivo não lhe tenha dado, e não pode existir, por essência e na origem, algo objetivo, um fenômeno, e depois, secundária e acidentalmente, um princípio subjetivo, uma coisa-em-si, uma consciência de si. Pois sendo manifestação, pressupõe obviamente uma força que se manifesta; como ser existente para outro, um ser para si; e, como objeto, um sujeito; mas o inverso não é concebível: em toda parte, a raiz das coisas deve residir naquilo que elas são para si mesmas, portanto no subjetivo, e não no objetivo, isto é, naquilo que elas são só para outro numa consciência estranha. Em conformidade com isso, descobrimos, no primeiro livro, que o verdadeiro ponto de partida para a filosofia é necessariamente e por essência o ponto de partida subjetivo, isto é, o idealista, e também que o ponto de vista oposto, o ponto de vista objetivo, leva ao materialismo. — No fundo somos unos com o mundo, muito mais do que estamos acostumados a pensar: sua essência íntima é nossa vontade; seu fenômeno, nossa representação. Para o homem que fosse capaz de chegar a uma clara consciência dessa unidade da essência, desapareceria a diferença entre a persistência do mundo exterior, uma vez que ele mesmo está morto, e a continuação de sua própria existência após a morte: os dois fenômenos se apresentariam para ele como uma só e mesma coisa, e ele riria da ilusão que as pretendesse separar. Pois a compreensão da indestrutibilidade de nosso ser e a compreensão da identidade do macrocosmo com o microcosmo são uma só coisa. No entanto, pode-se explicar a doutrina aqui formulada por meio de uma experiência característica da qual a imaginação será o agente, e que se poderia chamar de experiência metafísica. Tentemos representar com vivacidade o tempo, decerto não muito distante, em que não seremos mais. Façamos uma abstração de nós mesmos do mundo e deixemos que ele continue sua existência; não tardaremos a descobrir, para nossa surpresa, que não cessamos de existir, pois acreditávamos representar o mundo sem nós, mas na consciência o eu é algo de imediato, através do qual o mundo se reflete, e para o qual o mundo existe. Esse centro de toda existência, esse núcleo de toda realidade, é que devemos suprimir e, todavia, deixar o mundo subsistir; esse é um pensamento que concebemos *in abstracto*, mas de fato é irrealizável. O esforço para se chegar a esse resultado, a tentativa de pensar o secundário sem o primário, o condicionado sem a condição, o objeto sustentado sem o suporte, essa tentativa fracassa sempre, um pouco como o esforço de se figurar um triângulo retângulo eqüilátero, ou o nascimento ou a morte da matéria, e outras impossibilidades do mesmo gênero. Em vez do resultado que se buscava, impõe-se a nós o sentimento de que o mundo não está menos em nós do que nós nele, e de que a fonte de toda realidade reside em nós mesmos. O resultado que se obtém de fato é este: o tempo no qual não serei mais, chegará objetivamente; mas subjetivamente não poderá chegar jamais. — Uma questão se põe agora: até onde cada um de fato acredita, no seu coração, numa coisa que ele não pode propriamente pensar? Depois daquela experiência, sem dúvida puramente intelectual, mas já feita de modo mais ou menos claro por cada um, se acrescentarmos agora a consciência íntima e profunda da indestrutibilidade de nosso ser-em-si, não será a própria morte, no fundo, a coisa mais fabulosa do mundo?

A convicção profunda da indestrutibilidade de nosso ser pela morte, que cada um traz no fundo de seu coração, como atestam os escrúpulos de consciência sempre inevitáveis quando se aproxima o derradeiro instante, essa convicção, como disse, depende fortemente da consciência de nossa natureza primitiva e eterna. Por isso, assim a exprime Spinoza: *sentimus experimurque nos aeternos esse*[26]. Com efeito, por se acreditar imperecível, o homem dotado de razão se crê como se não tivesse tido começo, como eterno; em uma palavra: independente do tempo. Quem, ao contrário, se toma por um ser que surgiu do nada, tem de pensar também que retornará ao nada; pois imaginar que uma infinidade de tempo tivesse transcorrido antes que ele fosse, mas, depois, uma segunda infinidade tenha começado, durante a qual ele não cessará jamais de ser, é um pensamento monstruoso. De fato, o fundamento mais sólido de nossa eternidade é a antiga sentença: *Ex nihilo nihil fit, et in nihilum nihil potest reverti.*[27] Portanto, Theophrastus Paracelsus

[26] "Sentimos e experienciamos que somos eternos." (N. do T.)

[27] "Do nada, nada vem, e nada pode ser revertido ao nada" (N. do T.)

(*Obras*, Strasburg, 1603, volume II, p. 6) diz muito acertadamente: "Minha alma nasceu de alguma coisa; por isso ela não irá para o nada, uma vez que ela vem de algo". Ele dá a verdadeira razão. Mas para quem considera o nascimento do homem como o seu começo absoluto, a morte tem de ser o fim absoluto; pois os dois são aquilo que são no mesmo sentido: por conseqüência, só se pode pensar a si mesmo como imortal, se se pensar como não-nascido, e no mesmo sentido. O que é o nascimento, é isso também o que é a morte, na sua natureza e no seu significado; é a mesma linha traçada em duas direções. O primeiro é um real surgir do nada, e a segunda é também uma efetiva aniquilação. Mas, na verdade, a eternidade do nosso ser é o único modo de pensar a imutabilidade; esta, portanto, não é temporal. A hipótese de que o homem é criado do nada conduz necessariamente à de que a morte é seu fim absoluto. Nesse ponto, por conseguinte, o Antigo Testamento é no todo conseqüente, pois a uma criação tirada do nada não admite nenhuma doutrina da imortalidade. O cristianismo do Novo Testamento possui uma tal doutrina porque é de espírito indiano, e portanto (isso é mais do que provável) é também de origem indiana, embora com a intermediação egípcia. Somente para o povo judeu, no qual aquela sabedoria indiana tinha de ser enxertada na terra prometida, uma tal doutrina se adapta tanto como aquela teoria da liberdade da vontade à sua criação, ou como

Humano capiti cervicem pictor equinam
Jungere si velit. [28]

É sempre mau se não se pode ser completamente original e não se pode talhar na madeira maciça. O bramanismo e o budismo, ao contrário, muito conseqüentes com eles mesmos, admitem ao lado da continuação da existência após a morte uma existência antes do nascimento, da qual a vida presente se destina a expiar as faltas. Eles tem uma consciência muito clara da relação necessária entre essas duas idéias; a prova é fornecida pela seguinte passagem da história da filosofia indiana, de Colebrooke, em *Transact. of the Asiatic London Society*, volume I, p. 577: *Against the system of the*

[28] Se o pintor quisesse colocar uma cabeça humana / em um pescoço de cavalo. (N. do T.)

Bhagavatas, which is but partially heretical, the objection upon which the chief stress is laid by Vyasa is, that the soul would not be eternal, if it were a production, and consequently had a beginning. [29] Lemos depois, na *Doctrine of Buddhism* de Upham, p. 110: *The lot in hell of impious persons call'd Deitty is the most severe: these are they, who discrediting the evidence of Buddha, adhere to the heretical doctrine, that all living beings had their beginning in the mother's womb, and will have their end in death.* [30]

Quem concebe sua existência apenas como simples efeito do acaso, sem dúvida deve temer perdê-la pela morte. Quem reconhece, pelo contrário, que mesmo que apenas no geral essa existência repousa sobre uma necessidade originária, não irá acreditar que ela seja limitada a um curto espaço de tempo, mas antes estenderá a todos os momentos a duração da ação dessa lei necessária que produz uma obra assim maravilhosa. Ora, para conhecer a própria existência como necessária, o homem deve considerar que até o momento preciso em que existe já decorreu um tempo infinito, preenchido de uma infinidade de mudanças e que, a despeito destas, ele existe: a série inteira de todos os estados possíveis já se esgotou, sem que sua existência pudesse ser suprimida. Se ele pudesse em algum momento não ser, então agora já não seria. Pois a infinidade de tempo já decorrido, com todos os fenômenos possíveis já produzidos, nos garante a necessidade do que existe. Assim, cada um tem de conceber a si mesmo como um ser necessário, isto é, um ser cuja verdadeira e adequada definição, se é que ela pudesse ser formulada, teria de levar à existência. Nessa seqüência de pensamentos está efetivamente a única prova imanente, isto é, que se mantém no domínio dos dados da experiência, da imutabilidade de nosso ser verdadeiro. A existência, com efeito, deve ser inerente, já que se mostra independente de todos os estados possíveis produzidos pela cadeia causal: pois esses estados encontraram a sua realização, e a

---

[29] "De todas as objeções apresentadas ao sistema dos Bhagavatas, que é herético apenas em parte, aquela à qual Vyasa atribui o maior peso é a de que a alma não seria eterna, se fosse uma coisa criada, e por conseqüência tivesse um princípio." (N. do T.)

[30] "No inferno a sorte mais dura é a dos ímpios, chamados Deitty: estes são os que, rejeitando o testemunho de Buda, aderem à doutrina herética, de que todos os seres viventes têm o seu começo no ventre de sua mãe, e alcançam o seu fim na morte." (N. do T.)

nossa existência se manteve tão inabalável quanto o raio de luz pelo vento tempestuoso que ele atravessa. Se, por suas próprias forças, o tempo pudesse conduzir-nos a um estado bem-aventurado, então lá já estaríamos desde há muito tempo, pois um número infinito de séculos se estende atrás de nós. Mas se também o tempo pudesse conduzir-nos à destruição, então há muito tempo já não seríamos mais. Disso que existimos agora, segue-se, pensando bem, que devemos ser em todos os tempos. Pois nós mesmos somos o ser que o tempo recolheu em si para preencher sua própria vida: por isso esse ser preenche a totalidade do tempo, tanto o presente e o passado quanto o futuro, de igual modo, e nos é tão impossível sair da existência quanto do espaço. — Considerando bem as coisas, é inconcebível que o que existe uma vez em toda a força da realidade reduza-se em algum momento ao nada e, então, não deva ser mais, durante um tempo infinito. Disso, relativamente aos cristãos, provém a doutrina da ressurreição universal; e relativamente aos hindus, a doutrina da criação incessante do mundo por Brama, sem contar os dogmas semelhantes dos filósofos gregos. O grande mistério do nosso ser e do nosso não-ser, cuja explicação suscitou esses e outros dogmas de mesmo gênero, tem por fundamento último que a mesma coisa que, objetivamente, constitui uma série infinita de tempo é, subjetivamente, um ponto, um presente indivisível e sempre existente; mas quem compreende isso? Kant expôs essa verdade com toda a clareza na sua imortal doutrina da idealidade do tempo e da única realidade da coisa-em-si; pois dessa doutrina resulta que a essência própria das coisas, do homem, do mundo, reside, durável e permanentemente no *Nunc stans,* sempre fixo e imóvel, e que a sucessão dos fenômenos e eventos é uma simples conseqüência da concepção que fazemos dessa essência por meio da forma de nossa intuição, através do tempo. Por conseqüência, em vez de dizer aos homens: "Vós surgistes pelo nascimento, mas sois imortais", dever-se-ia ser-lhes dito: "Não, vós não sois um nada", e ensinar-lhes a entender essa palavra no sentido da sentença atribuída a Hermes Trismegisto: *Quod enim est, erit semper*. (Stob. *Ecl.*, I, 43, 6) [31] E se mesmo nesse caso não se é bem-sucedido, se o coração angustiado entoa o seu velho canto lamentoso: "Eu vejo todos os seres surgirem do nada pelo nasci-

[31] Pois o que é, sempre será. (N. do T.)

mento, e novamente caírem nesse nada depois de um curto período; do mesmo modo, minha existência, agora situada no presente, logo não será mais que um passado longínguo, e eu serei nada!" ; então a resposta certa a dar é: "Não existes? Não o tens em ti agora o presente inestimável, ao qual todos vós, filhos do tempo, aspirastes com tanto ardor — não te ocupas mais agora e efetivamente? E compreendes como chegaste a ele? Conheces bem os caminhos que te conduziram a ele, para que pudesses reconhecer que eles deveriam estar fechados pela morte? A existência do teu ser, depois da destruição do teu corpo, te parece impossível e inconcebível: mas ela te é mais incompreensível do que tua existência atual e de como chegaste a ela? Por que deverias duvidar que os caminhos secretos que te foram abertos para este presente atual não o estariam também para todo o presente a vir?"

Se considerações desse gênero são decerto apropriadas para despertar a convicção de que em nós há alguma coisa que a morte não pode destruir, o único meio de obter esse resultado é nos elevarmos a um ponto de vista do qual o nascimento não é o começo de nossa existência. Decorre daí que essa parte de nós a ser provada como indestrutível pela morte não é propriamente o indivíduo; surgido pela procriação e trazendo em si as qualidades do pai e da mãe, o indivíduo se apresenta, ademais, como uma simples diferenciação da espécie e, como tal, só pode ser finito. Conseqüentemente, assim como o indivíduo não guarda nenhuma recordação de sua existência antes do nascimento, do mesmo modo ele não pode, depois da morte, conservar nenhuma lembrança de sua existência atual. Ora, é na consciência que cada homem põe o seu eu, o qual lhe aparece, portanto, como ligado à individualidade, com a qual, de resto, se extinguem todos os atributos próprios do indivíduo enquanto tal, destinados a distingui-lo dos outros. Sua permanência sem a individualidade lhe é, por conseguinte, indiscernível da subsistência dos outros seres, e ele vê o seu eu desaparecer. Assim, antes de vincular sua existência à identidade da consciência e desejar para ela uma duração sem fim após a morte, ele deveria refletir que, em qualquer caso, uma tal permanência só pode ser obtida ao preço de um passado igualmente infinito antes do nascimento. Como ele não tem, realmente, nenhuma recordação de uma existência antes do nascimento, e sua consciência não começa senão com o nascimento, este tem de ser tomado como uma aparição do nada. Mas então ele compra o tempo infinito de sua existência após a morte por um tempo igualmente longo antes do nascimento, e a conta acaba equilibrada, sem lucro para ele. Ao contrário, a existência que a morte deixa intacta é uma outra que não a da consciência individual; ela tem de ser independente tanto da morte quanto do nascimento, e, por conseguinte, deve ser igualmente verdadeiro dizer em relação a ela: "Eu serei sempre" e "Eu sempre fui": o resultado nos dá duas infinidades no lugar de uma. Mas é propriamente na palavra "eu" que reside o maior dos equívocos, como facilmente reconhecerá quem tiver presente no espírito o conteúdo do nosso segundo livro e a distinção longamente estabelecida ali entre as partes volitiva e cognoscente do nosso ser. Segundo a maneira que eu compreenda essa palavra, posso dizer: "A morte é meu fim absoluto"; ou também: "Não sou mais do que uma parte infinitamente pequena do mundo, assim como também minha forma pessoal não é mais do que uma parcela igualmente pequena de meu ser verdadeiro". Mas o eu é o ponto obscuro na consciência, do mesmo modo que, no tecido da retina, é precisamente o ponto de entrada do nervo ótico que é cego; que a substância mesma do cérebro é de uma completa insensibilidade; que o corpo solar é sombrio; e que, enfim, o olho que tudo vê é incapaz de ver a si mesmo. Nossa faculdade de conhecimento é inteiramente dirigida para o exterior, porque ela é o resultado de uma energia cerebral produzida para servir unicamente à conservação de nós mesmos, portanto para a procura de alimento e captura da presa. Por isso, o homem conhece a si mesmo apenas como indivíduo, tal como ele se apresenta à percepção externa. Se o homem, ao contrário, pudesse ter consciência de tudo que ainda completa a sua natureza, ele se resignaria sem pesar à desaparição de sua individualidade, sorriria da tenacidade do seu apego a essa forma, e diria: "Por que me inquietar com a perda dessa individualidade, se trago em mim a possibilidade de inumeráveis individualidades?" Ele veria que, embora a permanência de sua individualidade não lhe seja assegurada, é tão bom como se a possuísse, porque ele traz em si uma perfeita compensação para ela. — Poder-se-ia considerar, também, que a individualidade da maioria dos homens é tão miserável e sem valor, que, na verdade, eles nada perdem com ela, e o que neles ainda pode ter algum valor é o elemento humano universal; e a este se pode prometer uma duração eterna. Sim, a imutabilidade e a limitação essencial de cada individualidade, enquanto tal, na sua permanência sem fim acabaria por engendrar, por sua monotonia, um tédio tão grande que seria preferível retornar ao nada, para se desembaraçar dela. Desejar a imortalidade da individualidade é, para ser franco, querer perpetuar um erro ao infinito; pois, no fundo, cada individualidade não é mais que um erro particular, um passo em falso, uma ilusão que seria melhor não ser, e algo do qual o verdadeiro objetivo dessa existência é nos trazer de volta. Isso se confirma pelo fato de que a maioria dos homens — e para falar a verdade, todos os homens mesmo — são feitos de tal modo que eles não podem ser felizes, em qualquer mundo que sejam transportados. Pois, se nesse outro mundo fossem excluídas a necessidade e a fadiga, eles cairiam sob o peso do tédio, e se o tédio fosse evitado, recairiam na necessidade, tormentos e sofrimentos. Para levar o homem a um estado de bem-venturança, de modo algum seria suficiente que se o transportasse para um mundo melhor; ainda seria necessária a produção de uma mudança fundamental nele mesmo, que o fizesse não mais ser o que é, mas, ao contrário, o fizesse se tornar o que não é. Porém, para isso ele tem de primeiro deixar de ser o que é: esta condição preliminar é satisfeita pela morte, cuja necessidade moral já se pode compreender a partir desse ponto de vista. Ser transportado para um outro mundo e transformar todo o seu ser é, no fundo, uma só e mesma coisa. Sobre isso repousa, em última análise, também aquela dependência do objetivo em relação ao subjetivo, exposta pelo idealismo do nosso primeiro livro; é aí, por conseguinte, que está o ponto de ligação da filosofia transcendental com a moral. Tendo isso em vista, achar-se-á que só é possível acordar do sonho da vida se com ele também se desfaz todo o seu tecido fundamental; mas esse tecido é o seu órgão mesmo, o intelecto com suas formas, com o qual a trama do sonho continuaria a ser tecida ao infinito, tão intimamente o sonho está relacionado com o intelecto, formando até uma unidade. Quanto ao próprio sujeito que o sonhou, este é que é diferente dele e é unicamente o que permanece. Ao contrário, o temor de ver tudo findar com a morte é comparável à ilusão do homem que, sonhando, acreditasse somente na existência dos sonhos, e não na do sonhador. — Ora, após ter uma consciência individual acabado pela morte, seria então desejável que essa luz extinta fosse reacesa, para continuar a brilhar até o infinito? O conteúdo dessa consciência não é, na sua maior parte, nada senão uma torrente de pensamentos mesquinhos, terrenos, miseráveis e de preocupações intermináveis: deixai-a em paz! Com muita razão, portanto, gravavam os antigos em sua pedra tumular: *securitati perpetuae* [32], ou *bonae quieti* [33] Se, como freqüentemente acontece, se quisesse aqui desejar a permanência da consciência individual para a ela ligar uma recompensa ou penas ulteriores, isso seria, no fundo, tão-somente se pretender a conciliação da virtude com o egoísmo. Ora, essas duas coisas nunca poderão ser conciliadas: são radicalmente opostas. É, ao contrário, bem fundada a convicção imediata, despertada em nós pela visão de nobres ações, de que o espírito do amor que faz com que alguém perdoe seus inimigos, ou que um outro, com perigo da própria vida, se interesse por um desconhecido, que esse espírito de caridade não se dissipará jamais e jamais será reduzido a nada.

A resposta mais profunda à questão da permanência do indivíduo após a morte encontra-se na grande teoria kantiana da idealidade do tempo: é aí que ela se mostra particularmente fecunda e rica de conseqüências; ela substitui por meio de uma demonstração no todo teórica, mas rigorosa, dogmas que, num sentido ou em outro, leva a absurdos, decidindo, de um só golpe, a mais excitante de todas as questões metafísicas. Começo, fim e duração são noções que tomam o seu significado tão-somente do tempo e que, por conseqüência, valem apenas sob a pressuposição do tempo. Mas o tempo não tem uma existência absoluta, ele não é a expressão da maneira do ser-em-si das coisas; ao contrário, ele é simplesmente a forma do conhecimento que nós temos de nossa existência, de nossa natureza e a de todas as coisas, e é daí mesmo que vem a sua grande imperfeição e limitação aos meros fenômenos. É só em relação a estes, então, que as idéias de fim e persistência encontram aplicação, e não em relação ao que neles se expõe, a essência verdadeira das coisas, aplicadas à qual tais noções não possuem mais nenhum sentido. Pode-se, ainda, perceber uma outra prova disso na impossibilidade de responder categoricamente à questão que tem como ponto de partida aquelas noções temporais, e nas objeções incisivas que cercam toda afirmação a esse respeito, em sentido ou em outro. Sem dúvida, poder-se-ia afirmar que nosso ser-em-si persiste após a morte, porque é falso que ele morra; porém, pode-se muito bem supor que nosso ser morra, porque é falso que ele perdure: no fundo

[32] segurança perpétua. (N. do T.)

[33] repouso bom. (N. do T.)

uma afirmação é tão verdadeira quanto a outra. Assim, neste caso, se institui algo como uma antinomia; mas essa antinomia repousaria sobre puras negações. Negar-se-ia ao sujeito do juízo dois predicados contraditoriamente opostos, apenas porque a inteira categoria desses predicados não seria aplicável ao sujeito. Entretanto, se se negar a ele os dois predicados, não juntos, mas um depois do outro, tem-se a aparência de que o atributo contraditório do predicado negado a cada vez, esteja assim demonstrado. Porém, essa aparência se baseia no fato de que, aqui, grandezas incomensuráveis são comparadas: o problema, com efeito, nos transporta a um terreno que suprime o tempo, e no entanto pergunta segundo determinações temporais, razão pela qual, portanto, é igualmente falso atribuí-las ou negá-las ao sujeito; em uma palavra, o problema é transcendente. Neste sentido, a morte permanece um mistério.

Mantendo-se aquela distinção entre fenômeno e coisa-em-si, pode-se, ao contrário, afirmar que o homem, enquanto fenômeno, é efêmero, embora ele não seja do mesmo modo afetado por isso em seu ser verdadeiro, e que, assim, sua essência é em si indestrutível, ainda que não se possa atribuir permanência alguma a esta, em razão da eliminação de todas as noções temporais que ela comporta. Seríamos, então, levados aqui à idéia de uma indestrutibilidade que não seria, contudo, uma permanência. Ora, essa é uma idéia que, obtida pela via da abstração, deixa-se conceber no máximo *in abstracto*, mas como não está apoiada na intuição, não poderá tornar-se de uma clareza perfeita. Entretanto, devemos dizer aqui que não renunciamos, em absoluto, como Kant, à possibilidade de conhecer a coisa-em-si, mas, na nossa compreensão, ela é para ser procurada na vontade. Longe de nós, porém, o pensamento de afirmar um conhecimento absoluto e perfeito da coisa-em-si, mas antes reconhecemos muito bem que é impossível o conhecimento absoluto do que ela seja em si e para si mesma. Pois tão logo eu conheça, tenho uma representação: ora, precisamente porque é minha representação, não pode ser idêntica ao objeto que é conhecido; fazendo de um ser para si um ser existente para os outros, ela o reproduz numa forma inteiramente outra, que, então, deve ser sempre vista como seu fenômeno. Portanto, para uma consciência que conhece, não importa qual seja sua natureza, só podem ser dados fenômenos. E a dificuldade não é suprimida se o objeto de meu conhecimento é meu próprio ser: pois enquanto ele estiver na minha consciência que conhece, já não é mais que um reflexo do meu ser, um elemento diferente dele mesmo, e por conseguinte, em um certo grau, já é um fenômeno. Assim, enquanto sou alguém que conhece, eu mesmo tenho, no meu próprio ser, propriamente apenas um mero fenômeno; enquanto sou, ao contrário, eu mesmo e imediatamente esse ser, já não sou mais um sujeito que conhece. Pois o conhecimento é apenas uma propriedade secundária do nosso ser, um efeito da natureza animal do nosso ser: isso já foi suficientemente demonstrado no segundo livro. Rigorosamente falando, conhecemos também nossa vontade sempre como fenômeno, e não na sua natureza íntima e absoluta. Mas (conforme já amplamente mostrado e demonstrado nesse mesmo segundo livro, bem como no escrito *Sobre a vontade na natureza*) se nós, para penetrarmos no interior das coisas, deixando o que é dado apenas de modo puramente indireto e exterior, nos ativermos ao único fenômeno em cuja essência nos é permitida uma intelecção sem intermediário e de dentro, então encontramos a vontade como princípio último e incontestável, como núcleo e origem da realidade: nela reconhecemos, então, a coisa-em-si, porque ela não mais tem espaço por forma; mas tem ainda a forma do tempo, e com isso só a reconhecemos, verdadeiramente falando, na mais imediata de suas manifestações, e por conseguinte com a reserva de que esse seu conhecimento não é absoluto nem completo. É então nesse sentido que mantemos aqui a noção de vontade como a de coisa-em-si.

Ao homem, enquanto fenômeno temporal, a noção de fim é sem dúvida aplicável, e o conhecimento empírico nos apresenta abertamente a morte como o fim dessa existência temporal. O fim da pessoa é tão real quanto era o seu começo, e no mesmo sentido em que não éramos antes do nascimento, não seremos mais depois da morte. Entretanto, a morte não pode suprimir aquilo que foi posto pelo nascimento; ela não pode arrebatar, portanto, aquilo pelo que, antes de tudo, o nascimento foi possível. Nesse sentido *natus* e *denatus* [34] é uma bela expressão. Ora, todo o conhecimento empírico não fornece mais que meros fenômenos: só estes são, por isso, atingidos pelos acidentes temporais do nascimento e da morte, mas não é atingido aquilo que aparece neles, o ser-em-si. Para este, a oposição criada pelo cérebro entre o nascimento e morte não existe; ela não tem mais nenhum sentido, nenhuma significação. A coisa-em-si permanece,

[34] nascido e “desnascido” (ou seja, morto). (N. do T.)

assim, ao abrigo do fim temporal de um fenômeno temporal, e conserva sempre uma mesma existência, à qual não se aplicam as noções de começo, fim e duração. Mas essa essência, até onde podemos seguir, é em cada ser criado, e mesmo no homem, a sua vontade. A consciência, ao contrário, consiste no conhecimento; ora, o conhecimento, como foi suficientemente provado, enquanto atividade cerebral, e por conseguinte enquanto função orgânica, pertence ao mero fenômeno, e finda, portanto, com ele. Só a vontade, da qual o corpo é a obra, ou antes a imagem, é indestrutível. Distinção rigorosa entre a vontade e o conhecimento, com a supremacia da primeira: eis o caráter fundamental da minha filosofia; eis também onde está a chave para a contradição que se oferece a nós sob formas diversas, dessa contradição que se apresenta a toda consciência, mesmo as mais toscas, de que a morte é nosso fim, e o sentimento que temos de ser eternos e indestrutíveis, segundo a expressão de Spinoza: *sentimus experimurque nos aeternos esse* [35]. Erraram todos os filósofos em pôr no intelecto o princípio metafísico, indestrutível e eterno do homem: ele está exclusivamente na vontade, que é completamente diferente do intelecto, e unicamente primitiva. O intelecto é, conforme expus no segundo livro, um fenômeno secundário e condicionado pelo cérebro; portanto começa e finda com ele. Somente a vontade é o condicionante, o núcleo do mundo dos fenômenos; ela é independente, por conseguinte, das formas desse mundo, às quais pertence o tempo, sendo, assim, também indestrutível. Com efeito, com a morte perde-se a consciência, mas não aquilo que a produziu e a manteve: a vida se extingue, mas não se extingue com ela o princípio de vida, que nela se manifestou. Por isso, não é um sentimento enganador que diz a todo homem que há nele um princípio absolutamente imperecível e indestrutível. Até mesmo o frescor e a vivacidade das lembranças dos tempos mais distantes da nossa primeira infância é uma prova da existência em nós de um princípio que não se move com o tempo em suas revoluções, mas que, sem envelhecer, subsiste ao abrigo das mudanças. Mas o que seja esse princípio imperecível não se pode explicar claramente. Não é a consciência, e muito menos o corpo sobre o qual repousa evidentemente a consciência. É, antes, o fundo sobre o qual repousa o corpo e a consciência junto com ele. Mas o que é esse

---

[35] sentimos e experienciamos que somos eternos. (N. do T.)

princípio imperecível senão precisamente aquilo que quando se dá à consciência manifesta-se como vontade? Além dessa manifestação mais imediata não podemos chegar, pois nosso conhecimento não pode ir além da consciência. Assim, quanto a saber o que é esse princípio imperecível enquanto ele não se dá à consciência, isto é, qual a sua essência íntima e absoluta, esta é uma questão que permanece sem resposta.

No mundo dos fenômenos e graças às suas formas, o tempo e o espaço, como princípio de individuação, o destino do indivíduo humano parece ser a morte; o do gênero humano, a permanência e a vida infinita. Mas no mundo das coisas em-si — o mundo independente daquelas formas — desaparece toda a diferença entre indivíduo e gênero, e todos os dois são imediatamente uma só e única coisa. Toda a vontade de vida existe no indivíduo, como existe no gênero, e assim a permanência da espécie é a simples imagem da indestrutibilidade do indivíduo.

É de uma importância extrema compreender bem que nosso ser verdadeiro está a salvo da morte; mas como a compreensão dessa verdade repousa por inteiro na distinção do fenômeno e coisa-em-si, quero pôr agora essa diferença em toda sua luz , esclarecendo-a pelo contraste com a morte, a partir do nascimento dos seres animais, a procriação. Pois esse ato, tão misterioso quanto a morte, apresenta aos nossos olhos, tão imediatamente quanto possível, a oposição fundamental que existe entre o fenômeno e a coisa-em-si, isto é, entre o mundo como representação e o mundo como vontade, e também a completa heterogeneidade das leis que regem os dois mundos. O ato de procriação nos aparece sob um duplo aspecto: em primeiro lugar, para a consciência interna, cujo único objeto, como muitas vezes o indiquei, é a vontade com todas as suas afecções; e, depois, para a consciência externa, isto é, do mundo da representação ou da realidade empírica das coisas. Do ponto de vista da vontade, isto é, o ponto de vista íntimo e subjetivo, para a consciência interna, aquele ato se apresenta a nós como a satisfação mais imediata e a mais perfeita da vontade, ou seja, como volúpia. Ao contrário, do ponto de vista da representação, portanto do ponto de vista exterior, objetivo, para a consciência das outras coisas esse ato é a primeira trama para o mais artístico dos tecidos, o fundamento do organismo animal de uma complexidade tão inexprimível que necessita de desenvolvimento ulterior para tornar-se visível aos nossos olhos atônitos. Esse organismo, cuja complicação e perfeição infinitas só as pode avaliar quem estudou anatomia, só pode ser compreendido e pensado, do ponto de vista da representação, como um sistema concebido com a mais engenhosa das combinações e executado com arte e precisão extremas, como a obra mais laboriosa da mais profunda reflexão; e por outro lado, do ponto de vista da vontade, nossa consciência íntima nos mostra na criação desse organismo o resultado de um ato que é justamente o oposto de toda reflexão, o efeito de um ímpeto cego e tempestuoso, de uma sensação de infinita volúpia. Essa oposição lembra bastante o contraste infinito, apontado acima, entre, de um lado, a absoluta facilidade da natureza em produzir suas obras, e a infinita falta de cuidado com que as abandona à destruição e, de outro lado, a engenhosidade e reflexão incalculáveis consumidas na construção dessas mesmas obras, que nos levam a crer que teria custado uma enorme dificuldade à natureza levá-las a um bom termo, e, portanto, teria de ser velada com extremo cuidado sua conservação, e, no entanto, é o contrário que se nos oferece aos olhos. Essas considerações, decerto pouco comuns, nos permitem comparar, da maneira mais crua, as duas faces heterogêneas do mundo e abarcá-las de uma só vez; temos, então, de mantê-las com firmeza, para nos convencer da completa impossibilidade de aplicar as leis dos fenômenos, ou do mundo como representação, ao mundo da vontade ou das coisas-emsi. Desse modo, ser-nos-á mais fácil compreender que, do lado da representação, isto é, no mundo dos fenômenos, assistimos ora a uma aparição que vem do nada, ora a uma aniquilação absoluta do ser que nasceu, e que do outro lado, o lado da coisa-em-si, temos diante de nós, ao contrário, uma existência a qual, se aplicadas as noções de nascimento e de morte, estas não possuem mais nenhum sentido. Pois, voltando ao ponto inicial, em que, por meio da consciência íntima, o fenômeno e a coisa-em-si vêm a se reencontrar, nós como que tocamos com a mão esta verdade que ambos são duas grandezas absolutamente incomensuráveis, e toda a maneira de ser de um, com todas as leis fundamentais que a rege, transportada para o outro não significa nada, aliás significa menos que nada. Esta última consideração, acredito, apenas por uns poucos será bem compreendida, e para os que não a entenderem, ela será desagradável e até mesmo ofensiva; mas isso não será jamais para mim uma razão para negligenciar aquilo que possa servir para esclarecer o meu pensamento fundamental.

No começo deste capítulo, expliquei a origem de nosso grande apego à vida, ou, antes, o temor da morte; esse temor não deriva de modo algum do conhecimento, pois, se fosse assim, ele proviria do reconhecimento do valor da vida; mas, em vez disso, o temor da morte tem a sua origem diretamente na vontade, procede da natureza primitiva da vontade, a qual, desprovida de conhecimento, é um cego desejo de vida. É a tendência totalmente ilusória da volúpia que nos atira à vida; e, do mesmo modo, agarramo-nos a ela em razão do temor, também ilusório, da morte. As duas tendências nascem diretamente da vontade, em si destituída de todo conhecimento. Se o homem fosse, pelo contrário, apenas um ser que conhece, então a morte teria de ser para ele não somente indiferente, como até mesmo bem-vinda. Ora, as considerações pelas quais chegamos aqui nos mostram que o elemento que é atingido pela morte é somente a consciência que conhece; a vontade, ao contrário, enquanto coisa-em-si, enquanto fundamento de todo fenômeno individual, é independente de todas as determinações temporais e, por conseguinte, é imperecível. O esforço da vontade para existir, manifestar-se e, assim, produzir o mundo, sempre será satisfeito: o fenômeno a acompanha como a sombra ao corpo, e é apenas a forma visível do seu ser. Se, em nós mesmos, a vontade, contudo, teme a morte, é porque o conhecimento lhe apresenta sua própria existência apenas como fenômeno individual, daí nascendo para ele a ilusão de que ela morre efetivamente com ele, um pouco como a minha imagem no espelho parece estar fragmentada, se este estiver quebrado; o fato da morte, contrário a esse ímpeto cego à existência, que constitui sua natureza original, enche-a de horror. Daí se segue que o único elemento do nosso ser que é capaz de temer a morte, e unicamente o que a teme, a vontade, não é atingido por ela; ao contrário, o elemento que é atingido e efetivamente sucumbe é o que, segundo sua natureza, é incapaz de ter qualquer medo, bem como, em geral, de qualquer volição ou emoção, e que é, portanto, indiferente ao ser ou não-ser: é o simples sujeito do conhecimento, o intelecto, que existe inteiramente na sua relação com o mundo da representação, isto é, com o mundo objetivo, do qual é o correlato, e com cuja existência, no fundo, a sua se unifica. Se, então, a consciência individual não sobrevive à morte, por outro lado sobrevive aquela parte de nós que se debate contra ela, qual seja, a vontade. Daí também se explica a contradição de que os filósofos, do ponto de vista do conhecimento, imaginaram as mais justas razões para demonstrar o caráter inofensivo da morte, e que todavia o temor da morte não é abalado por nenhuma dessas razões: é porque ele tem precisamente sua raiz não no conhecimento, mas na vontade. Vem também do fato de que somente a vontade, e não o intelecto, é o elemento indestrutível do nosso ser, que todas as religiões e filosofias reconheçam uma recompensa na eternidade apenas às virtudes da vontade e do coração, e não às do intelecto ou do espírito.

Ainda uma observação para servir de esclarecimento a esta investigação: a vontade, que constitui o nosso ser-em-si, é de natureza simples; ela se limita a querer, e não conhece. O sujeito do conhecimento, ao contrário, é um fenômeno secundário, nascido da objetivação da vontade: ele é o centro da sensibilidade do sistema nervoso, é como o foco para o qual convergem os raios da atividade de todas as partes do cérebro. Ele tem, então, de sucumbir com o cérebro. É na consciência que ele reside como o único elemento capaz de conhecer, diante da vontade, como o espectador que a observa, e que, embora tenha nascido dela, conhece-a como uma coisa diferente de si, estranha a si mesmo; portanto, conhece também as suas resoluções apenas *a posteriori*, e por uma via bem indireta, tão-somente por um conhecimento empírico, temporal, fragmentário, em seus estímulos e atos sucessivos. Daí se explica por que o nosso próprio ser é para nós, isto é, justamente para nosso intelecto, um verdadeiro enigma, e por que o indivíduo se vê como nascido de novo e perecível, embora sua essência verdadeira seja independente do tempo e, por conseguinte, eterna. Ora, se a vontade não conhece, inversamente o intelecto (ou sujeito do conhecimento) é só e unicamente a parte de nós que conhece, sem nenhum querer. Para isso podem ser apresentadas até provas físicas; como indicamos no segundo livro, segundo Bichat, os diversos afetos abalam imediatamente todas as partes do organismo e provocam distúrbios nas suas funções; somente o cérebro é afetado apenas indiretamente, isto é, justamente por causa daqueles distúrbios, pode ser afetado (*De la vie et de la mort,* art. 6, parágrafo 2). Segue-se daí que o sujeito do conhecimento, considerado em si e enquanto tal, não pode tomar parte ou ter interesse em nada, mas sim ver com indiferença o ser ou não-ser de cada coisa e mesmo o seu próprio. Incapaz de interesse, por que seria ele imortal? Ele termina com a manifestação temporal da vontade, isto é, com o indivíduo, do mesmo modo como nasce com ela. É a lanterna que é apagada, uma vez que já prestou o seu serviço. O intelecto, como o mundo da intuição que existe só para ele, é simples fenômeno, mas a natureza finita de ambos não afeta em nada aquilo do qual eles são o fenômeno. O intelecto é uma função do sistema nervoso cerebral; ora, esse sistema, como o resto do corpo, é a vontade objetivada. Por isso, o intelecto depende da vida corporal do organismo, e esse organismo depende ele mesmo da vontade. O corpo orgânico pode, então, em um certo sentido, ser visto como o elo intermediário entre a vontade e o intelecto, embora este seja, propriamente falando, apenas a vontade que se oferece, no espaço, à contemplação do intelecto. O nascimento e a morte são a renovação constante da consciência dessa vontade, cuja natureza não comporta nem começo nem fim, e que unicamente é como que a substância da existência (mas cada renovação desse gênero traz consigo uma nova possibilidade de negação da vontade de vida). A consciência é a vida do sujeito do conhecimento, ou do cérebro, e a morte é o seu fim. Por conseguinte, a consciência é finita, sempre nova, sempre pronta a recomeçar e a renascer. Somente a vontade permanece, e também apenas a ela concerne a permanência, pois ela é a vontade de vida. O sujeito que conhece, em si mesmo, não diz respeito a nada disso. No eu, porém, as duas tendências vêm a se unir. — Em todo indivíduo animado, a vontade adquiriu um intelecto cuja luz ilumina a busca de seus fins. — E, dizendo de passagem, o temor da morte pode depender, em parte, da pena com que a vontade individual se separa do seu intelecto, que lhe coube pelo curso natural das coisas, do seu guia e guardião, sem o qual ela se sabe cega e desarmada.

Por fim, a esta exposição se liga, ainda, aquela experiência moral de todo dia, que nos ensina a ver na vontade a única realidade, e que, ao contrário, os objetos da vontade são condicionados pelo conhecimento, constituindo apenas fenômenos, simples espuma e vapor, semelhante ao vinho que Mefistófeles serve na cave de Auerbach; depois de cada gozo sensível, também nós dizemos: "Pareceu-me como que se eu bebesse vinho".

O terror da morte repousa, em grande parte, sobre essa aparência ilusória de que o eu desaparece, enquanto o mundo permanece. Mas é o contrário que é verdadeiro: o mundo desaparece, enquanto a substância íntima do eu, o suporte e o criador desse sujeito, em cuja representação constituía toda a existência do mundo, persiste. Com o cérebro cessa de existir o intelecto e, com este, o mundo objetivo, que não é mais que a sua mera representação. Que em outros cérebros continue, antes como depois, um mundo semelhante a viver e pairar, é algo indiferente no que diz respeito ao intelecto que deixa de existir. — Se, portanto, a verdadeira realidade não estivesse na vontade, e a existência moral não estivesse justamente naquilo que se estende além da morte, então, assim como o intelecto e seu mundo se extinguem, a existência das coisas em geral não seria mais que uma seqüência infinita de sonhos breves e sombrios, sem ligação de um com o outro: pois a permanência da natureza destituída de conhecimento consiste unicamente na representação temporal da natureza que conhece. Qual seria, então, a única realidade de todo esse universo? Um espírito do mundo que, sem objetivo, sonharia sonhos sombrios e opressivos.

O indivíduo vitimado pelas angústias da morte nos oferece um espetáculo verdadeiramente estranho e até mesmo risível: o senhor dos mundos, que preenche tudo com o seu ser, aquele que confere existência a tudo o que é, possui a sua existência, perde a coragem, teme morrer e afundar-se no abismo do nada eterno; e na verdade, tudo está cheio dele, e não há lugar algum no qual ele não esteja, ser algum no qual ele não viva; pois não é a existência que o sustém, e sim ele que é o suporte da existência. É ele, no entanto, quem no indivíduo sofre e se desespera com o medo da morte, uma vez que fica sob a influência daquela ilusão produzida pelo *principium individuationis*, de que a sua existência esteja limitada à do ser que morre neste momento: essa ilusão faz parte do sonho opressivo, no qual ele mergulhou enquanto vontade de vida. Mas se poderia dizer ao moribundo: "Tu cessas de ser alguma coisa que terias feito melhor nunca ter sido".

Enquanto não sobrevém alguma negação dessa vontade, a parte de nós que a morte conserva é o núcleo e o germe de uma existência totalmente outra, na qual se reencontra um novo indivíduo, tão fresco e originário, que, tomado de admiração, ele se põe a meditar sobre si mesmo. Vem daí a tendência sonhadora e exaltada dos jovens generosos, no tempo em que essa consciência fresca se desenvolveu inteiramente. O que o sono é para o indivíduo, a morte é para a vontade enquanto coisa-em-si. Ela não resistiria a continuar por toda uma eternidade as mesmas atribulações e sofrimentos, sem ganho verdadeiro, se lhe restassem recordação e individualidade. Ela renuncia a eles — isso é o Lete [36] —, e restaurada pelo sono da morte, munida de um outro intelecto, ressurge com a forma de um novo ser: "um novo dia atrai novas margens!".

[36] Rio Lete: o rio mitológico do esquecimento. (N. do E.)

Enquanto vontade de vida que se afirma, o homem tem na espécie a raiz de sua existência. A morte é, assim, a perda de uma individualidade e a obtenção de uma outra; é, então, para o homem uma mudança de individualidade operada sob a direção exclusiva de sua própria vontade. Pois apenas nessa vontade reside a força eterna capaz de produzir a sua existência juntamente com o seu eu, mas que, por causa da natureza desse eu, é incapaz de mantê-lo nessa existência. Com efeito, a morte é o desmentido que a *essentia* de cada um recebe na sua pretensão à *existentia*; é o evidenciar-se de uma contradição que se encontra em toda existência individual: "pois tudo o que nasce é justo que pereça".

Entretanto, essa mesma força, isto é, a vontade, domina um número infinito de existências semelhantes, com seus eus, todas destinadas, por sua vez, a ser igualmente nulas e transitórias. Ora, visto que cada eu tem sua consciência separada, então, no que lhe diz respeito, aquele número infinito de existências não difere sequer de uma única que seja. Desse ponto de vista, não parece por acaso que a significação da palavra *aevum* se aplique, ao mesmo tempo, à duração da vida individual e à infinitude do tempo; ela nos deixa entrever, embora vagamente, a identidade última e absoluta das duas coisas, e que não haveria verdadeiramente nenhuma diferença se eu existisse apenas durante minha vida, ou por um tempo infinito.

É verdade que não podemos levar a cabo a representação de tudo o que foi dito acima sem recorrer a noções de tempo; e todavia, essas noções deveriam ser excluídas quando se trata de coisas-em-si. Entretanto, pertence aos limites insuperáveis de nosso intelecto que ele não possa libertar-se inteiramente dessa forma primeira e mais imediata de todas as suas representações, para depois operar sem ela. Assim, somos conduzidos aqui a uma espécie de metempsicose, porém com a diferença importante de que nossa metempsicose não concerne à psique, isto é, ao ser que conhece, mas apenas à vontade, que, com isso, suprime muitos absurdos ligados à doutrina da transmigração das almas; e com a consciência de que a forma do tempo intervém aqui apenas como acomodação inevitável à natureza limitada de nosso intelecto. Se nos apoiarmos sobre o fato já exposto (no capítulo XLIII) de que o caráter, isto é, a vontade, é uma herança do pai, e o intelecto, ao contrário, uma herança da mãe, então, entra na seqüência de nossa teoria que, no momento da morte, a vontade humana, em si e individualmente, separa-se do intelecto, recebido da mãe no nascimento; agora, conforme a sua natureza e as modificações que sofrer guiadas pelo curso necessário das coisas, sempre em harmonia com sua natureza, recebe agora, por um novo nascimento, um novo intelecto, com o qual seria um novo ser, que não teria qualquer recordação de uma existência anterior, pois o intelecto, único capaz de memória, é a parte mortal, ou a forma; a vontade é o elemento eterno, a substância do nosso eu: disso resulta que a palavra palingenesia é mais adequada para designar essa doutrina, que metempsicose. Esses renascimentos perpétuos constituiriam então a série dos sonhos de vida de uma vontade em si indestrutível, até que ela, instruída e aperfeiçoada por tantos e tão diversos conhecimentos sucessivamente obtidos, sempre em novas formas, viesse a se suprimir a si mesma.

Com esta teoria concorda também a autêntica e, por assim dizer, esotérica doutrina do budismo, como tomamos conhecimento por meio das mais novas investigações. O budismo, com efeito, não ensina a metempsicose, mas uma regeneração toda particular, fundada sobre uma base moral, a qual ela expõe e desenvolve com grande profundidade, como se pode ver na muito interessante exposição do assunto que dá Spence Hardy no *Manual of Buddhism*, p. 394-396 (cf. p. 429, 440 e 445 do mesmo livro), cuja confirmação se encontra em *Prabodh Chandro Daya* de Taylor, Londres, 1812, p. 35; igualmente em *Burmese empire* de Sangermano, p. 6; e também em *Asiat. Researches*, vol. VI, p. 179, e vol. 9, p. 256. Também o bastante útil compêndio alemão do budismo, de Köppen, contém as noções exatas sobre esse assunto. Para a grande massa dos budistas, todavia, essa doutrina é demasiado sutil; assim, é pregada a metempsicose como um equivalente mais fácil de entender.

De resto, não podemos deixar de notar que até mesmo as razões empíricas falam em favor de uma palingenesia desse gênero. De fato, existe uma conexão entre o nascimento dos novos seres e a morte dos que deixam a vida; essa conexão se mostra na grande fecundidade do gênero humano, que vem a seguir de epidemias devastadoras. Quando, no século XIV, a peste negra despovoou a maior parte do mundo antigo, sucedeu-se uma fecundidade extraordinária do gênero humano, e o nascimento de gêmeos foi freqüente; foi muito estranho, além disso, o fato de que nenhuma criança nascida no período recebeu a dentição completa: a natureza, fatigada por seu grande esforço, foi, assim, econômica no particular. Esse fato é relatado por F. Schnurrer, *Crônicas da peste*, 1825. Também Casper (*A provável duração da vida humana,* 1835) confirma o princípio de que, em uma dada população, a influência mais decisiva sobre a duração da vida e a mortalidade é o número de nascimentos, que segue sempre par a par com a mortalidade; assim, em todos os tempos e lugares, os casos de morte e nascimentos aumentam e diminuem na mesma proporção, o que ele deixa fora de dúvida por inúmeras provas recolhidas em diversos países e em suas diferentes províncias. E, no entanto, não é possível estabelecer-se uma ligação causal física entre uma morte prematura para mim e a fecundidade de um leito nupcial alheio, ou vice-versa. Aqui, então, sem nenhuma dúvida e com toda a evidência possível, a idéia metafísica aparece como fundamento imediato de explicação do fato puramente físico. Cada novo ser nascido entra em sua nova existência fresco e jovial, e a frui como se fora um presente; entretanto não existe aí, e nem pode existir, nada de graça. Sua fresca existência é paga com a velhice e a morte de um ser já gasto, que deixa a vida, mas que continha o germe indestrutível, do qual nasceu esse novo ser: as duas existências são no fundo uma única. Demonstrar a ponte que leva um ao outro seria com certeza dar a solução de um grande enigma.

A verdade aqui expressa não era totalmente desconhecida, embora jamais tenha sido remetida ao seu sentido real e exato, como o permite fazer nossa teoria da essência superior e metafísica da vontade, e da natureza secundária e apenas orgânica do intelecto. Com efeito, encontramos a doutrina da metempsicose, dos tempos mais antigos e mais nobres da humanidade, sempre espalhada sobre a terra, como a crença da grande maioria do gênero humano, e mesmo, na verdade, como doutrina de todas as religiões, com exceção da judaica e das duas religiões que surgiram desta; todavia, no budismo, como já disse, nós a encontramos na sua expressão mais sutil e próxima da verdade. Enquanto os cristãos se consolam pela esperança de se reverem em um outro mundo, onde se reencontra, ao mesmo tempo, a individualidade completa, para as outras religiões, pelo contrário, aquele reconhecimento começa a se operar desde já, embora incógnito. Isto é, no círculo de nascimentos e em virtude da metempsicose, ou palingenesia, as pessoas que hoje estão em contato ou relação íntima conosco também nascerão, ao mesmo tempo que nós, na próxima geração, e terão relações e disposições idênticas, ou pelo menos análogas, sejam estas amigáveis ou hostis (veja por exemplo Spence Hardy, *Manual of Buddhism*, p. 162). Sem dúvida, o reconhecimento se limita aqui a um pressentimento obscuro, a uma lembrança que, incapaz de ser trazida à consciência expressa, nos acena para uma distância infinita — com exceção, porém, do Buda, que tem o privilégio de conhecer com precisão os seus nascimentos anteriores, bem como o das outras pessoas, conforme está escrito em *Jatakas.* Mas se, de fato, são concebidas de modo puramente objetivo em momentos particularmente favoráveis as ações dos homens na realidade, então se impõe a nós a convicção intuitiva de que, não apenas no sentido das idéias (platônicas) sempre o mesmo é e permanece, mas também a geração atual, em conformidade com sua essência verdadeira, é em substância idêntica àquela que a precedeu na existência. Em que consiste, então, essa essência? Esta é a questão que se põe, e a resposta, que a minha doutrina fornece, é conhecida. Pode-se explicar a aparição no nosso espírito da referida convicção intuitiva por um intermitência momentânea, como provinda da atividade daquelas duas lentes de multiplicação, o tempo e o espaço. — Sobre a universalidade da crença na metempsicose, Obry nos diz, com razão, no seu excelente livro *Du Nirvana indien*, p. 13: *Cette vieille croyance a fait le tour du monde, et était tellement répandue dans la haute antiquité, qu'un docte Anglican l'avait jugée sans pére, sans mére et sans généalogie* [37] (Ths. Burnet, dans Beausobre, *Hist. du Manichéisme*, II, p. 391). Já ensinada nos Vedas, como em todos os livros sagrados da Índia, a metempsicose é, como se sabe, o núcleo do bramanismo e do budismo, e reina até hoje por toda a Ásia não conquistada pelo islamismo, isto é, em mais da metade do gênero humano, como a crença mais sólida, e como influência prática de uma força inimaginável. Ela foi também um elemento da fé dos egípcios (Heródoto, II, 123); Orfeu, Pitágoras e Platão a adotaram com entusiasmo, e os pitagóricos, sobretudo, a mantiveram firmemente. Que ela tenha sido ensinada nos mistérios dos gregos resulta de maneira incontestável do nono livro das *Leis* de Platão (p. 38 e 42, ed. Bip.). Nemesius (*De nat. hom.*, c. II) diz mesmo: *Communiter igitur omnes Graeci, qui animam immortalem statuerunt, eam*

[37] "Esta velha crença fez a volta ao mundo, e estava de tal modo expandida na alta antiguidade, que um douto anglicano a julgou sem pai, sem mãe, e sem genealogia." (N. do T.)

de uno corpore in aliud transferri censuerunt [38]. Igualmente a Edda, notadamente na Voluspa, professa a metempsicose. Ela era também o fundamento das religiões dos druidas (César, *De bello Gall.*, VI; A. Pictet, *Le Mystère des Bardes de l'île de Bretagne,* 1856). Existe até uma seita maometana no Hindustão, os bohrahs, sobre os quais Colebrooke nos dá uma relação detalhada no *Asiat. Res.*, vol. VII, p. 336 e seguintes, que admite a metempsicose e se abstém, em conseqüência, de comer qualquer tipo de carne. Mesmo entre os americanos e povos negros, e até mesmo entre os australianos, encontram-se traços dela, a se acreditar na descrição precisa, dada no jornal inglês *The Times* (29 de janeiro de 1841), da execução de dois selvagens australianos condenados por incêndio e assassinato. Eis a passagem: "O mais jovem deles caminhou ao encontro de seu destino com o coração duro e resoluto, cheio, como parecia, da idéia de vingança: pois da única expressão inteligível de que ele se serviu, resultava que ele de novo ressurgiria com a forma de um homem branco, e era essa convicção que lhe dava aquela força". Igualmente, em um livro de Ungewitter, *O continente australiano,* 1863, relata-se que os papuas na Nova Holanda consideravam os brancos como seus parentes vindos novamente à terra. De tudo isso que precede, resulta que a crença na metempsicose se apresenta como a convicção natural do homem, desde que ele reflita, sem opinião preconcebida. É essa crença, e não as três pretensas idéias kantianas da razão, que seria um princípio filosófico natural da razão humana, derivado de suas formas próprias; e onde ele não for encontrado, é porque as doutrinas religiosas diferentes o destituíram do lugar. Observei que ele é entendido imediatamente pelo espírito daquele que dele ouve falar logo na primeira vez. Basta ver com quanta seriedade Lessing faz sua defesa nos sete últimos parágrafos de sua *Educação do gênero humano.* Lichtenberg, também, diz na *Autobiografia*: "Não posso me libertar da idéia de que eu já morrera, antes de ter nascido". O próprio Hume, aquele extremado empirista, diz no seu tratado cético sobre a imortalidade, p. 23: *The metempsychosis is therefore the only system of this kind that philosophy can hearken to* [39]. Essa doutrina disseminada por todo o

---

[38] É comum a todos os gregos, que explicavam a alma como imortal, a crença na transmigração de um corpo para outro. (N. do T.)

[39] Nota de Schopenhauer — "A metempsicose é, pois, o único sistema

gênero humano, e tão evidente para os sábios como para o povo, encontra um obstáculo no judaísmo e nas duas religiões que dele se originaram, cuja teoria da criação a partir do nada tem a difícil tarefa de estabelecer conexão com a crença de uma permanência eterna de seu ser *a parte post*. Se é verdade que, a ferro e fogo, essas religiões conseguiram expulsar da Europa e de uma parte da Ásia aquela crença originária e consoladora da humanidade, resta agora saber por quanto tempo. Conseguir isso sempre foi difícil: atesta-o a história dos primeiros tempos da igreja; a maior parte dos heréticos, por exemplo, os simonistas, basilidianos, valentinianos, marcionitas, gnósticos e maniqueus, admitiam aquela crença antiga. Os próprios judeus, em parte, a incorporaram, como testemunham Tertuliano e Justino (em seus diálogos). O Talmud relata que a alma de Abel passou para o corpo de Seth, e depois para o de Moisés. Até mesmo a passagem da Bíblia, em Mateus 16, 13-15, só adquire um sentido razoável dentro da hipótese do dogma da metempsicose. Lucas, que certamente também a admite (9, 18-20), acrescenta que um dos antigos profetas ressuscitou, insinuando aos judeus a suposição de que um antigo profeta possa ter ressuscitado em carne e osso: mas, como eles sabiam, tal profeta já estava enterrado no túmulo havia seiscentos ou setecentos anos, portanto era pó havia muito tempo, e isso seria um absurdo manifesto. A transmigração das almas e expiação por meio desta de todos as faltas cometidas em uma vida anterior, o cristianismo substitui pela doutrina do pecado original, isto é, da expiação pelo pecado de um outro indivíduo. As duas doutrinas identificam, e por certo com uma intenção moral, o homem existente com um outro que existiu anteriormente: a transmigração das almas por uma assimilação imediata, o dogma do pecado original por uma aproximação indireta.

A morte é a grande correção infligida pelo curso da natureza à

---

desse gênero que a filosofia pode ouvir." Esse tratado póstumo encontra-se nos *Essays on Suicide and the Immortality of the Soul, by the Late David Hume*, Basil, 1799, *sold by* James Decker. Assim, essa edição de Basil salvou da destruição aquelas duas obras de um dos maiores pensadores e escritores ingleses, as quais, na própria pátria, em conseqüência de uma beatice estúpida e das mais desprezíveis, e pela influência de uma poderosa e impertinente ação de padrecos, foram suprimidas, para vergonha eterna da Inglaterra. Sobre os dois assuntos referidos, essas obras são investigações isentas de toda paixão, esclarecendo com fria razão.

vontade de vida e ao egoísmo que é um elemento essencial a ela; pode ser concebida como uma punição para nossa existência [40]. É a ruptura dolorosa do nó que a procriação atou com volúpia, é a destruição violenta, proveniente de uma força externa, do erro fundamental de nosso ser: é a grande desilusão. Somos, no fundo, alguma coisa que não devia ser; por isso, deixamos de existir. O egoísmo consiste, na verdade, no fato de o homem limitar toda a realidade à própria pessoa, presumindo existir apenas nessa pessoa e não na dos outros. A morte o faz conhecer o engano, ao suprimir essa pessoa: agora a essência do homem, que é a sua vontade, viverá daqui para a frente apenas nos outros indivíduos; seu intelecto, ao contrário, já que é apenas fenômeno, isto é, a parte integrante do mundo como representação, e simples forma do mundo exterior, continuará a subsistir justamente no ser-representativo, ou seja, no ser objetivo das coisas consideradas enquanto tal, e, assim, só na existência do mundo exterior até então. Todo o seu eu vive, portanto, desde então apenas naquilo que ele até agora via como não-eu, uma vez que toda diferença entre o externo e o interno cessa. Recordemos aqui que o homem melhor é aquele que faz a menor diferença entre si e os outros, e não os vê como não-eu absoluto, ao passo que, para o mau, essa diferença é grande e mesmo absoluta — coisas que já expus no Fundamento da Moral. A essa diferença corresponde, em virtude das considerações precedentes, o grau segundo o qual a morte pode ser vista como a aniquilação do homem. — Mas se partirmos do princípio de que a diferença é totalmente exterior a mim, e em mim ela existe apenas pelo espaço, que está apenas no fenômeno e não na coisa-em-si, e que, assim, não é em absoluto real, não veremos mais, então, na perda da própria individualidade senão a perda de um fenômeno, e por conseguinte nada mais que uma perda aparente. Por mais realidade que tenha aquela diferença na consciência empírica, ainda assim, do ponto de vista metafísico, as duas frases: "Eu pereço, mas o mundo perdura" e "O mundo perece, mas eu perduro", no fundo, não são verdadeiramente distintas.

Acima de tudo, a morte é a grande ocasião de não ser mais o eu: o que é bom para aquele que a aproveita. Durante a vida, a vontade

[40] Nota de Schopenhauer — A morte diz: tu és o produto de um ato que não deveria ter sido; assim, tens de morrer para anulá-lo.

do homem é sem liberdade: sua conduta é sempre fundada sobre seu caráter invariável, ligada à cadeia dos motivos, administrada pela necessidade. Ora, cada um traz em si a lembrança de muitas das ações que praticou, e a respeito das quais não está contente de si mesmo. Se sua existência viesse a se prolongar ao infinito, em virtude da invariabilidade de seu caráter, ele agiria sempre da mesma maneira. Desse modo, tem de cessar de ser o que é, para poder surgir do germe do seu ser sob uma forma nova e diferente. A morte, então, rompe todos os seus laços, tornando a vontade de novo livre; pois a liberdade reside no *Esse* [41], não no *Operari* [42]: *Finditur nodus cordis, dissolvuntur omnes dubitationes, ejusque opera evanescunt* [43], é uma máxima muito famosa dos Vedas, repetida à saciedade pelos vedantas [44]. O morrer é o momento de libertação de uma individualidade estreita e uniforme, que, longe de constituir a substância íntima de nosso ser, se apresenta bem mais como um tipo de aberração: a liberdade verdadeira e primitiva reaparece nesse momento que, em sentido já indicado, pode ser visto como uma *restitutio in integrum* [45]. Daí parece provir a paz e a calma na face da maioria dos mortos. Em geral, a morte de todo homem de bem é doce e tranqüila, mas morrer sem má-vontade, voluntariamente, morrer satisfeito, é privilégio do homem resignado, daquele que renuncia à vontade de vida, e a nega: pois ele só quer uma morte real, e não apenas em aparência; por conseguinte, não precisa e não exige permanência alguma de sua pessoa. A existência que conhecemos, ele a abandona sem pena: o que lhe cabe em vez desta é nada aos nossos olhos, porque justamente nossa existência, comparada com aquela, é um nada. A crença budista chama essa existência de *Nirvana*, isto é, extinção [46].

---

[41] ser. (N. do T.)

[42] agir. (N. do T.)

[43] "cindido será o nó do coração, resolvidas serão todas as dúvidas, e suas obras se esvanecerão." (N. do T.)

[44] Nota de Schopenhauer — *Sansara, De theologumenis Vedanticorum,* ed. F. H. H. Winsdischmann, p. 37; *Oupnekhat,* vol. I, p. 387 e p. 78; *Colebrooke's Miscellaneous Essays,* vol. I, p. 363.

[45] restituição ao estado anterior. (N. do T.)

[46] Nota de Schopenhauer — São dadas à palavra *nirvana* etimologias diferentes. De acordo com Colebrooke (*Transact. Of the Roy, asiat. soc.,*

soc., v. I, p. 566), tal palavra deriva de *va*, soprar (como o vento), e o prefixo negativo *nir*, significando, portanto, "ausência de vento", e como adjetivo, "extinto". Do mesmo modo, Obry (*Du Nirvana Indien*) diz na página 3: "Em sânscrito *nirvana* significa, ao pé da letra, extinção, como a de um fogo". De acordo com o *Asiatic Journal* (vol. XXIV, p. 735), o correto é *Neravana*, de *nera*, sem, e *vana*, vida, significando "aniquilação". Segundo Spence Hardy (*Eastern Monachism*, p. 295), *nirvana* vem de *vana*, desejo pecaminoso, com a negação *nir*. Em sua tradução da história dos mongóis orientais (p. 307), J.J. Schmidt escreve que a palavra sânscrita *nirvana* é traduzida na língua mongólica por "separado da penúria". Segundo esse mesmo estudioso, em suas preleções na Academia de Petersburgo, *nirvana* é a contraparte de *Sansara*, palavra que se refere ao mundo dos renascimentos contínuos, dos apetites e dos desejo, da ilusão dos sentidos, dos fenômenos do nascimento, do envelhecimento, da doença e da morte. Em birmane, *nirvana*, segundo analogia com as outras palavras sânscritas, é *Nieban*, cuja tradução é "total desaparecimento". Cf. *Sangermano's description of the burmese empire*, tradução de Tandy, Roma, 1833, 27. Na primeira edição de 1819, também escrevi *Nieban*, porque, nessa época, o nosso conhecimento do budismo provinha apenas de notícias incompletas fornecidas pelos birmanes.

Metafísica do amor*

* Na obra *O mundo como vontade e representação*, este texto encontra-se no "Suplemento ao livro quarto", capítulo XLIV. (N. do T.)

Metafísica do amor

Vós, sábios de elevada e profunda ciência,
Vós que meditais e que sabeis,
Quando, onde e como tudo se une:
Por que todo esse amor e essas carícias?
Vós, grandes sábios, dizei-me!
Revelai-me o que sinto,
Revelai-me onde, como, quando
E por que tais coisas me sucederam.

Bürger

Estamos habituados a ver os poetas ocupados sobretudo em descrever o amor. Ordinariamente, é esse o tema principal de todas as obras dramáticas, trágicas ou cômicas, românticas ou clássicas, seja na Índia, seja na Europa; e do mesmo modo, o amor é o mais fecundo de todos os temas na poesia lírica e na poesia épica; isso sem contar o grande número de romances que, há séculos, são produzidos todos os anos nos países civilizados da Europa, tão regularmente quanto os frutos da terra. Todas essas obras, em essência, não são outra coisa que descrições variadas, resumidas ou mais desenvolvidas, dessa paixão à qual nos referimos. As mais perfeitas, *Romeu e Julieta*, *Nova Heloísa*, *Werther*, alcançaram glória imortal. Dizer, como o fez La Rochefoucauld, que o amor apaixonado é como os fantasmas de que todos falam, mas que ninguém viu, ou, então, contestar como Lichtenberg, no seu *Ensaio sobre o poder do amor*, a realidade dessa paixão e negar que seja conforme à natureza, é cometer um grande erro. Pois é impossível que seja um sentimento estranho ou contrário à natureza humana — uma pura fantasia — isso que o gênio dos poetas vem incansavelmente tematizando através dos tempos, e acolhido pela humanidade com inalterável interesse, já que sem verdade não pode haver arte completa.

Rien n'est beau que le vrai;
Le vrai seul est aimable [1]

Boileau

Na verdade, a experiência, ainda que não se repita todos os dias, geralmente nos prova que uma viva inclinação, contudo ainda passível de controle, pode, sob certas circunstâncias, aumentar e exceder pela sua intensidade todas as outras paixões, pôr de lado todas as considerações, vencer todos os obstáculos com inacreditáveis força e perseverança, a ponto de, para satisfazer seu desejo, arriscar a vida sem hesitar, e até, se esse desejo lhe é recusado, sacrificar a própria vida. Não é apenas nos romances que existem Werther e Jacobo Ortis: a cada ano a Europa poderia mostrar pelo menos uma meia dúzia deles: *sed ignotis perierunt mortibus illi* [2]; pois seus sofrimentos têm como cronista apenas o empregado que registra os óbitos, e os redatores dos jornais. Os leitores de jornais franceses e ingleses poderão atestar a exatidão do que estou dizendo. Maior ainda, porém, é o número daqueles a quem essa paixão leva ao manicômio. Enfim, a cada ano verificam-se diversos casos de suicídio simultâneo de dois amantes desesperados por circunstâncias externas que os separam; quanto a mim, jamais entendi como duas pessoas que se amam e esperam encontrar nesse amor a suprema felicidade, não preferem romper de vez com todas as convenções sociais e enfrentar todas as situações, a renunciar, abandonando a vida, a uma felicidade além da qual nada mais podem imaginar. Quanto aos graus mais atenuados, os primeiros sintomas dessa paixão, cada homem os tem diante dos olhos na vida cotidiana e, enquanto é jovem, na maior parte do tempo, os tem no coração.

Dessa forma, não se pode duvidar da realidade do amor nem da

---

[1] "Nada é tão belo quanto o que é verdadeiro;/ apenas o que é verdadeiro é agradável". (N. do T.)

[2] Tiveram, todavia, uma morte ignorada. (N. do T.)

sua importância; e em vez de causar admiração que um filósofo também trate desse assunto, tema eterno dos poetas, deve antes surpreender que uma questão que assume um papel de primeira ordem na vida humana quase não tenha sido, até agora, levada em consideração pelos filósofos, e se apresente diante de nós como uma terra inexplorada. Entre todos os filósofos, o que mais se ocupou desse assunto foi Platão, sobretudo em *Banquete* e *Fedro*, porém o que ele diz sobre o assunto permanece no domínio dos mitos, das fábulas e dos ditos ambíguos, e refere-se, no mais das vezes, à pederastia grega. O pouco que diz Rousseau acerca disso no *Discours sur l'inégalité* [3], é falso e insuficiente. Kant, na terceira parte do seu tratado *Sobre o sentimento do belo e do sublime* aborda o tema de um modo superficial e às vezes inexato, como quem não entende nada do assunto. Platner, em sua *Antropologia*, dá um tratamento medíocre e sem profundidade à matéria. A definição de Spinoza merece ser citada em razão de sua extrema simplicidade: *Amor est titillatio, concomitante idea cause externae* [4] (Eth. IV, prop. XLIV, dem.) Assim, nada tenho dos meus predecessores para me valer nem para combater; esse tema se me impôs não pelos livros, mas pela observação da vida, e tomou lugar no conjunto das minhas considerações sobre o mundo. Decerto não devo esperar aprovação nem elogio daqueles que são dominados por essa paixão, e que naturalmente procuram exprimir com as mais sublimes e etéreas imagens a intensidade dos seus sentimentos: a esses, o meu ponto de vista parecerá demasiado físico, demasiado material, por mais metafísico e transcendente que, no fundo, ele seja. Percebam eles, antes de me julgarem, que o objeto do seu amor, que hoje exaltam em madrigais e sonetos, mal lhes teria merecido um olhar se houvesse aparecido dezoito anos antes.

Toda paixão, com efeito, por mais etérea que possa parecer, na verdade enraíza-se tão-somente no instinto natural dos sexos; e nada mais é que um impulso sexual perfeitamente determinado e individualizado. Assim, não perdendo isso de vista, se consideramos o papel importante que o impulso sexual representa em todas as suas fases e graus, não apenas nas comédias e romances, mas

[3] *Discurso sobre a desigualdade.* (N. do T.)

[4] "O amor é uma cócega que vem junto da idéia de uma causa exterior". (N. do T.)

também no mundo real, onde é, junto com o amor pela vida, a mais poderosa e a mais ativa de todas as molas propulsoras, e se pensarmos que absorve continuamente as forças da porção mais jovem da humanidade, que é a finalidade última de quase todo o esforço humano, que exerce influência perturbadora nos negócios mais importantes, que interrompe a todo momento as mais sérias ocupações, que por vezes, deixa em confusão os maiores espíritos, que não tem escrúpulo em atrapalhar com suas frivolidades as negociações diplomáticas e os trabalhos dos sábios, que chega até a introduzir os seus bilhetinhos meigos e os seus cachinhos de cabelos nas pastas dos ministros e nos manuscritos dos filósofos, urdindo, todos os dias, as piores e mais intrincadas disputas, que rompe as mais preciosas relações, desfaz os mais sólidos laços, torna vítima a vida, às vezes a saúde, riqueza, situação e felicidade, e faz do homem honesto um homem sem honra, do leal um traidor, que parece ser um demônio malfazejo que se empenha em transformar, confundir e destruir tudo — se considerarmos tudo isso, então somos levados a bradar: para que tanto barulho? Para que tanto esforço, violência, angústia e miséria? Pois, em suma, a questão é simplesmente esta: que cada um encontre o seu par.[5] Por que semelhante bagatela representa um papel tão importante e leva sem cessar perturbação e discórdia à vida dos homens bem-regrados? Mas, para o investigador sério, o espírito da verdade revela pouco a pouco esta resposta: não se trata de uma insignificância, e, pelo contrário, a importância do assunto é proporcional à seriedade e intensidade dos impulsos. A finalidade última de todo empreendimento amoroso — derive para o trágico ou para o cômico — é realmente o mais grave e importante entre todos os outros fins da vida humana, merecendo, pois, a profunda seriedade com a qual todos o buscam. Com efeito, essa questão significa nada menos que a *composição da próxima geração. As dramatis personae* [6] que entrarão em cena quando dela sairmos serão assim determinadas, na sua existência e na sua natureza, por essas tão frívolas disputas amorosas. Assim como o ser, a *existentia* dessas pessoas que virão, é condicionada pelo impulso sexual em geral, igualmente a própria natureza do seu caráter, a sua *essentia*, é condicionada

---

[5] Nota de Schopenhauer — Não pude exprimir-me aqui de um modo mais preciso; pode o leitor traduzir esta frase em uma linguagem aristofânica.

[6] Os atores. (N. do T.)

pela escolha individual para satisfação do amor sexual, ficando assim irrevogavelmente determinada em todos os aspectos. Esta é a chave do problema: conhecê-la-emos melhor quando tivermos percorrido todos os graus do amor, desde a mais fugaz inclinação até a paixão mais veemente, quando então constataremos que a sua diversidade surge do grau da individualização da escolha.

Todas as paixões amorosas da geração presente são, portanto, para a humanidade inteira, uma grave *meditatio compositionis generationis futurae e qua iterum pendent innumerae generationes*[7]. Com efeito, não se trata aqui, como nas demais paixões humanas, de uma desgraça ou de uma vantagem individuais, mas da existência e da constituição especial de todo gênero humano futuro; e desse modo, a vontade individual surge como um poder maior, transformando-se em vontade da espécie. É sobre essa grande importância que repousam o patético e o sublime das questões amorosas, os seus transportes e as suas dores que os poetas há séculos não se cansam de representar em inumeráveis exemplos. Nenhum outro tema poderia superar em interesse aquele que diz respeito ao bem e ao mal da espécie, visto que tal tema está para os demais que se relacionam apenas com o bem do indivíduo, assim como os corpos estão para a superfície. É por isso que se torna tão difícil despertar interesse em um drama no qual não existe uma intriga amorosa; ao contrário, mesmo tratado constantemente, o tema nunca se esgota.

Quando o impulso sexual se manifesta na consciência individual, de modo vago e geral, sem se dirigir para um indivíduo determinado, é a vontade de vida em si mesma que surge, fora de todo o fenômeno. Quando se manifesta na consciência como impulso sexual dirigido para um indivíduo determinado, é a vontade que aspira a viver em um indivíduo novo e distinto, exatamente determinado. Neste caso, o impulso sexual, embora na verdade seja uma necessidade subjetiva, ilude a consciência; sabe com muita habilidade cobrir-se com a máscara de uma admiração objetiva, porque a natureza precisa desse estratagema para atingir seus fins. Por muito desinteressada e sublime que possa parecer a admiração pela pessoa amada, o fim último é tão-somente a criação de um novo indivíduo, determinado na sua natureza: isso é confirmado pelo fato de não bastar o sentimento recíproco, mas sim exigir a posse, isto é, o gozo físico. A

[7] meditação sobre a composição da geração futura, da qual, por sua vez, dependem inúmeras outras gerações. (N. do T.)

certeza de ser amado não nos poderia consolar da ausência do gozo físico; e em casos como esse, muitos amantes já se suicidaram. Ao contrário, há pessoas muito apaixonadas que, não logrando ser correspondidas, contentam-se com a posse, isto é, com o gozo físico. Incluem-se neste caso todos os casamentos obrigados, os "favores" de uma mulher, malgrado sua aversão, obtidos à custa de presentes, ou nos casos de estupros. Que uma criança determinada seja gerada, é este o verdadeiro alvo de todo o romance de amor, embora os envolvidos não tenham consciência disso: a intriga que leva ao desenlace é coisa acessória.

As almas elevadas, sentimentais, sobretudo as ternamente enamoradas, podem protestar contra o brutal realismo da minha concepção, entretanto os seus protestos não procedem. Não é a constituição e a determinação precisa da geração futura um fim infinitamente mais elevado e mais nobre que os seus sentimentos impossíveis e as suas quimeras ideais? Entre todas as finalidades da vida humana, pode haver uma mais importante e elevada? Apenas esse fim explica a intensidade com que o amor é sentido, a seriedade do papel que ele tem, a importância que atribui aos mais triviais incidentes que o cercam. Só conseguimos explicar as manobras, os subterfúgios, os esforços e esses tormentos infinitos para se alcançar o ser amado, que à primeira vista parecem desproporcionais, quando não perdemos de vista este fim, como o verdadeiro. Pois é a geração futura na sua determinação absoluta individual, que caminha para a existência por meio dessas dores e desses esforços. Sim, é ela mesma que se já se agita na escolha circunspecta, determinada, obstinada, procurando satisfazer esse impulso sexual, que tem o nome de amor. Já é a vontade de vida do novo indivíduo, que os amantes podem e desejam gerar: já na troca dos olhares cheios de desejos se ilumina uma vida nova, anuncia-se a individualidade futura, criação completa e harmoniosa. Aspiram a uma união efetiva, a uma fusão em único ser; o ser que vão gerar será o prolongamento da sua existência, a plenitude, e nele as qualidades hereditárias dos pais, unidas em um único ser, continuam a viver. Ao contrário, uma aversão mútua e persistente entre um homem e uma jovem é indício de que a criança que poderiam gerar seria um ser mal constituído, sem harmonia e infeliz. Há, portanto, um sentido profundo no fato de Calderón representar a cruel Semiramis, a quem denomina uma filha do ar, como o fruto de um estupro ao qual se seguiu o assassinato do esposo.

Essa força suprema, que atrai um para o outro dois indivíduos de sexos diferentes, é a vontade de vida manifesta em toda a espécie, e procura realizar-se segundo os seus fins no indivíduo que deles deve nascer. Esse indivíduo terá do pai a vontade ou o caráter; da mãe, o intelecto; de ambos, a constituição física; no entanto, no mais das vezes as feições reproduzirão as do pai, a figura se parecerá mais freqüentemente à da mãe, de acordo com a lei que rege a procriação híbrida dos animais, e que se baseia principalmente em que a grandeza do feto tem de se ajustar à grandeza do útero.

É tão difícil explicar a individualidade própria e exclusiva de cada homem, quanto compreender o sentimento igualmente particular e exclusivo que impele dois amantes, um ao outro No fundo, esses dois fenômenos são uma única coisa: na paixão está implícito o que na individualidade está explícito. O primeiro passo para a existência, o verdadeiro *punctum saliens* da vida, é na realidade o momento em que os nossos pais começam a se amar — *to fancy each other*, segundo uma muito apropriada expressão inglesa [8] —, e como dissemos, é do encontro e da atração dos seus olhares de desejo que nasce a primeira semente do novo ser — uma semente frágil, que, como todas as outras, na maioria das vezes irá desaparecer. Esse novo indivíduo é de algum modo uma nova idéia (platônica), e, do mesmo modo como todas as idéias se aplicam com a maior força para chegarem a se manifestar no mundo dos fenômenos, ansiando avidamente por se apoderar da matéria que a lei da causalidade lhes concede em partilha, assim também essa idéia particular de uma individualidade humana se esforça com ânsia extrema para realizar-se em um fenômeno. Essa avidez, essa impetuosidade, é justamente a paixão que os futuros pais sentem um pelo outro. Tem graus infinitos, cujos dois extremos podem ser designados como amor vulgar e amor divino, entretanto, quanto à sua essência, é a mesma em toda parte. Quanto aos seus diversos graus será tanto mais potente quanto mais for individualizada, ou seja, será tanto mais forte quanto mais a pessoa amada, por suas qualidades e maneira de ser, for mais capaz de atender, com exclusividade, ao desejo e necessidade estabelecidos pela individualidade da pessoa que ama.

No primeiro momento, a inclinação amorosa é impelida para a

[8] Entusiasmar-se um pelo outro. (N. do T.)

saúde, a força e a beleza, ou seja, para a juventude. Pois a vontade deseja, antes de tudo, criar seres capazes de viver com o caráter integral da espécie humana; o amor vulgar não vai mais além. A seguir, juntam-se exigências mais especiais (que depois veremos mais detalhadamente) que aumentam a paixão. A paixão mais intensa e perfeita será aquela na qual ocorra a perfeita conformidade de duas individualidades, em razão da qual o caráter do pai e o intelecto da mãe se completam em um novo indivíduo, expressão da vontade de vida em geral, que vai além da medida de um coração mortal; e, assim, quanto mais perfeita é a adequação entre dois indivíduos nos vários aspectos dos quais nos ocuparemos mais adiante, mais intensa será a paixão entre eles. Como não existem dois indivíduos exatamente iguais, cada homem determinado deve encontrar em uma mulher determinada as qualidades que correspondam o mais perfeitamente às suas próprias qualidades, sempre tendo em vista a criança a ser gerada. É tão raro esse encontro quanto o amor verdadeiramente apaixonado. É justamente porque cada um de nós traz em si a possibilidade de um amor como esse, que podemos compreendemos a descrição que o gênio dos poetas nos faz desse sentimento. Como a paixão amorosa visa exclusivamente ao indivíduo a ser gerado e as qualidades que este deve ter, pode acontecer que entre um rapaz e uma moça, ambos de boa constituição, surja uma tal conformidade de sentimento, caráter e espírito, que faça nascer uma amizade na qual não exista o impulso sexual; e quanto a esse aspecto particular pode até mesmo ocorrer que entre eles exista uma certa antipatia. A razão disso é que faltaria à criança que deles fosse gerada harmonia intelectual ou física, isto é, suas existência e constituição não corresponderiam aos fins que se propõe a vontade de vida no interesse da espécie. Também pode acontecer, pelo contrário, que malgrado a dissemelhança dos sentimentos, do caráter e do espírito, e apesar da aversão e mesmo hostilidade que daí resultam, o impulso sexual, porém, surja e subsista, porque é cego para essas incompatibilidades; mas se daí resultar um casamento, este será muito infeliz.

Mas agora aprofundemo-nos mais na questão. O egoísmo é tão arraigado nos homens, que os fins egoístas são os únicos com os quais se pode contar com segurança para estimular a atividade de um ser individual. É verdade que a espécie tem sobre o indivíduo um direito anterior, mais imediato e mais considerável que a efêmera individualidade; entretanto, quando é necessário que o indivíduo aja e se sacrifique pela manutenção e desenvolvimento da espécie, pode ocorrer que à sua inteligência, orientada apenas pelas aspirações individuais, não seja compreensível toda a importância da questão, e esse indivíduo não proceda, então, de maneira adequada. Portanto, para alcançar o seu fim, é preciso que a natureza ponha no indivíduo uma certa ilusão, em virtude da qual ele veja como o bem próprio o que, na verdade, é apenas o bem da espécie; e assim serve à natureza, enquanto pensa estar obedecendo apenas aos seus desejos. Uma simples quimera, que logo se desfaz, paira diante de seus olhos e faz com que atue.

Essa ilusão é o instinto. É ele que, na maior parte dos casos, deve ser considerado como o sentido da espécie, os interesses da espécie que se põe à vontade como o que lhe é favorável. Mas, como aqui a vontade se torna individual, ela deve ser iludida de tal modo que conceba pelo sentido do indivíduo aquilo que o sentido da espécie apresenta a ela, supondo, assim, trabalhar para fins individuais, quando na verdade está trabalhando para a espécie, no sentido mais estrito. É nos animais que o instinto desempenha um papel mais significativo, e nos quais a manifestação exterior pode ser melhor observada; mas quanto aos caminhos secretos do instinto — do mesmo modo que toda interioridade — só podemos aprender a conhecer em nós mesmos. Supõe-se mesmo que o instinto quase não exista no homem, ou, quando muito, que apenas se manifesta no recém-nascido, fazendo com que este procure o seio da mãe. Mas na verdade temos um instinto muito determinado, muito nítido e mesmo muito complicado, que nos guia na escolha tão sutil, séria e particular do outro indivíduo para a satisfação sexual. Para essa satisfação, enquanto prazer dos sentidos baseado em uma necessidade imperiosa do indivíduo, a beleza ou fealdade do outro indivíduo é indiferente. Portanto, a busca zelosa e apaixonada da beleza, a escolha cuidadosa a que se procede, não se referem ao interesse pessoal de quem escolhe, embora este assim o suponha, mas se referem ao fim verdadeiro, ao ser futuro, no qual deve ser mantido o tipo da espécie da maneira mais integral e pura possível. Não obstante inumeráveis acidentes físicos e desgraças morais possam causar aberrações na figura humana, mesmo assim o verdadeiro tipo humano, em seu conjunto, é sempre restabelecido, graças a esse sentimento da beleza que sempre domina e orienta o impulso sexual, sem o qual o amor não seria mais que uma necessidade repugnante.

Desse modo, cada homem desejará ardentemente e preferirá as criaturas mais belas, porque nestas está impresso o tipo mais puro da espécie; mas depois irá procurar no outro indivíduo principalmente as qualidades que faltam a ele próprio, ou as imperfeições que são opostas às suas, imperfeições as quais até achará belas. É por isso que, por exemplo, os homens baixos preferem as mulheres altas, os louros gostam das morenas, e assim por diante. O arrebatamento vertiginoso que toma conta do homem diante da visão de uma mulher cuja beleza corresponde ao seu ideal, e que o faz antever a felicidade suprema que sobreviria de uma tal união, é tão-somente o sentido da espécie que, reconhecendo ali a sua marca claramente impressa, gostaria de com ela se perpetuar. Nessa resoluta inclinação para a beleza se encontra a conservação do caráter da espécie, e é por essa razão que tal inclinação age tão poderosamente. Mais adiante examinaremos as considerações acerca dessa matéria. Assim, nesse aspecto o que na verdade está conduzindo o homem é o instinto, orientado para o bem da espécie. Essas considerações lançam viva luz sobre a natureza íntima de todo instinto, que quase sempre consiste em fazer com que o indivíduo aja para o bem da espécie. Manifestamente, o cuidado de um inseto em buscar uma determinada flor ou fruto, um excremento ou um pedaço de carne, ou então, como o ichneumonídeo, a larva de um outro inseto para depor ali os seus ovos, indiferente ao cansaço e perigo que possa enfrentar para alcançar seu intento, é bem análogo à preferência exclusiva do homem por uma determinada mulher, aquela cuja natureza individual corresponde à sua: ele se empenha com tão apaixonado zelo para consegui-la que, muitas vezes, para alcançar o que deseja, malgrado a razão, sacrifica a felicidade da sua vida por um casamento insensato ou ligações danosas, que podem lhe custar a honra e a vida, não recuando sequer diante de atos criminosos como o adultério ou o estupro, e tudo isso apenas para atender aos fins da espécie, de acordo com a vontade soberana da natureza, mesmo que em detrimento do próprio indivíduo. Em toda a parte, o instinto parece agir em conformidade com um fim, embora este lhe seja completamente estranho. Sempre que o indivíduo que age não for capaz de compreender os desígnios da natureza, ou então quiser resistir-lhe, a natureza faz surgir o instinto. É por essa razão que o instinto foi dado aos animais, sobretudo aos animais inferiores mais destituídos de inteligência; e no caso em pauta também foi dado ao homem, não porque o homem seja incapaz de compreender o fim da natureza, mas sim porque não o levaria a cabo com todo o necessário zelo e à custa de seu bem individual. Desse modo, aqui e em todos os casos em que o instinto atua, a verdade está sob a forma de uma ilusão para agir sobre a vontade. É uma ilusão voluptuosa que faz brilhar aos olhos do homem a imagem ilusória de uma felicidade suprema, que o faz acreditar que apenas nos braços daquela bela mulher e de mais nenhuma outra poderá obter tamanho gozo; e também que o faz imaginar que a posse de um único ser no mundo lhe asseguraria uma felicidade ilimitada. Supõe estar dirigindo seus esforços para o seu próprio gozo, quando na verdade está trabalhando para a manutenção do tipo integral da espécie, para a procriação de um indivíduo perfeitamente determinado que deve chegar à existência e, para tanto, depende desses pais. E é de tal modo o caráter do instinto, agindo como que de acordo com um fim do qual, entretanto, não tem a idéia, que o homem que é levado por essa ilusão, muitas vezes tem aversão pelo fim ao qual é conduzido — procriar — e até desejaria evitá-lo, como acontece em quase todas as ligações fora do casamento.

Assim que o gozo é obtido, o amante experimenta uma estranha decepção; espanta-se que aquilo que desejou com tanto ardor apenas lhe proporcione um prazer fugaz, seguido de um rápido desencanto, e nada mais. Com efeito, este desejo está para os outros desejos que agitam o coração do homem, assim como a espécie está para o indivíduo, ou seja, como o infinito está para o finito. Apenas a espécie tira proveito da satisfação do desejo, mas o indivíduo que agiu impelido pela vontade da espécie não tem a consciência disso, e todos os sacrifícios a que se obrigou serviram a um fim que não era o seu. Todo amante, depois de realizar a grande obra da natureza, encontra-se ludibriado, pois a ilusão pela qual ele foi enganado pela espécie dissipou-se. Por isso disse Platão, aliás muito acertadamente: *voluptas omnium maxime vaniloqua* (*Filebo*, 319). [9]

Estas considerações lançam uma nova luz sobre os instintos e os sentidos engenhosos dos animais. Certamente eles também são levados por essa espécie de ilusão que lhes oferece a miragem enganadora do próprio gozo, enquanto trabalham assiduamente e com absoluto desinteresse em favor da espécie: o pássaro constrói o ninho, o inseto procura o local conveniente para depor os ovos,

[9] "Não existe nada mais presunçoso que a volúpia." (N. do T.)

ou lança-se à caça de uma presa da qual ele próprio não irá desfrutar, mas deverá ser posta ao lado dos ovos, para alimentar as futuras larvas; do mesmo modo, a abelha, a vespa, a formiga, trabalham nas suas engenhosas construções, procedendo a complicadas disposições. O que dirige todos eles, sem dúvida, é uma ilusão que, a serviço da espécie, põe a máscara de um interesse egoísta. Eis provavelmente a única explicação verossímil do fenômeno interno ou subjetivo que dirige as manifestações do instinto. Mas quanto ao aspecto exterior ou subjetivo, nos animais mais fortemente conduzidos pelo instinto, especialmente os insetos, notamos um predomínio do sistema glandular, isto é, do sistema nervoso subjetivo sobre o sistema cerebral ou objetivo, daí se concluindo que os animais são impelidos não tanto por uma inteligência objetiva e correta, como por representações subjetivas e estimuladoras de desejos que se originam da ação do sistema glandular sobre o cérebro; isto demonstra que são impulsionados por uma espécie de ilusão — e é este o processo fisiológico dos instintos. Para melhor esclarecimento, menciono um outro exemplo, embora certamente menos característico, do instinto no homem: o apetite caprichoso das mulheres grávidas, que parece originar-se do fato de que o alimento do embrião às vezes requer uma modificação particular ou determinada do sangue que a ele aflui; então, o alimento mais favorável apresenta-se a seguir ao espírito da mulher grávida como objeto de ardente desejo, surgindo também aqui uma ilusão. A mulher tem, portanto, um instinto a mais que o homem, e nela o sistema glandular é também mais desenvolvido. A grande predominância do cérebro explica porque o homem tem menos instintos que os animais, e porque mesmo os poucos instintos que tem podem algumas vezes desviar-se da regra. Com efeito, o sentido da beleza que dirige a escolha do objeto da satisfação sexual, se extravia quando degenera em propensão à pederastia; assim, certo tipo de mosca (*Musca vomitoria*) em vez de depor os ovos, em conformidade com o seu instinto, sobre a carne putrefata, os põe sobre a flor do *Arum dracunculus*, levada pelo cheiro cadavérico dessa planta.

O fato de o amor ter sempre por fundamento um instinto dirigido para a reprodução da espécie ficará bastante evidente se nos detivermos em uma análise mais precisa, como faremos a seguir. Antes de mais nada deve-se considerar que o homem é por natureza inclinado à inconstância no amor, e a mulher, à constância. O amor do homem declina sensivelmente desde o instante em que foi satisfeito; e de um modo geral as outras mulheres o atraem mais do que a que já possui: ele anseia pela mudança. Pelo contrário, o amor da mulher aumenta a partir desse momento. Essa é uma conseqüência do fim da natureza que é dirigido para a conservação e, por conseguinte, para o maior aumento possível da espécie. Com efeito, o homem pode, facilmente, gerar mais de cem crianças em um ano, se tiver esse número de mulheres à disposição, ao passo que a mulher, ainda que tivesse o mesmo número de homens, não pode dar à luz mais do que uma criança por ano (salvo o nascimento de gêmeos). Por isso o homem está sempre em busca de outras mulheres, enquanto a mulher permanece ligada a um único homem, pois a natureza a impele instintivamente e sem reflexão a conservar consigo aquele que deve prover e proteger a prole futura. Decorre daí que a fidelidade conjugal é artificial para o homem e natural para a mulher; portanto, o adultério da mulher, em razão das conseqüências que acarreta, e por ser contrário à natureza, é muito mais imperdoável que o do homem.

Mas quero ir ao cerne da questão e convencer inteiramente que o gosto pelas mulheres, por muito objetivo que possa parecer, é tão-somente um instinto disfarçado, isto é, o sentido da espécie que se esforça por conservar-lhe o tipo. Para isso, devemos examinar mais de perto as considerações que nos dirigem na busca desse prazer, embora possa parecer estranho mencionar tais particularidades em uma obra filosófica. Essas considerações dividem-se nas que dizem respeito imediatamente ao tipo da espécie, isto é, a beleza, nas que se dirigem para as qualidades psíquicas e, por último, nas puramente relativas à necessidade de corrigir e de neutralizar mutuamente as disposições particulares e anormais de ambos os indivíduos. Examinemos cada uma dessas divisões, em separado.

A primeira consideração que dirige nossa inclinação e escolha é a idade. Em geral, a mulher que escolhemos está na idade compreendida entre o princípio até o fim das menstruações, contudo damos decisiva preferência ao período dos dezoito até os vinte e oito anos. Não estando nessa faixa etária, mulher alguma pode nos atrair. Uma mulher idosa, isto é, uma mulher que não menstrua mais, só nos desperta um sentimento de aversão. Juventude sem beleza sempre tem algum atrativo, mas beleza sem mocidade não tem nenhum. É evidente que a intenção inconsciente que nos dirige é a possibilidade geral de procriar e, portanto, qualquer indivíduo perde em atrativo para o outro sexo à medida que se afasta do período próprio para a geração ou concepção. A segunda consideração é a saúde: as doenças agudas perturbam as nossas inclinações apenas de maneira passageira, porém as doenças crônicas, as caquexias, pelo contrário, as repugnam, porque podem se transmitir à criança. A terceira consideração é o esqueleto, porque é o fundamento do tipo da espécie. Depois da idade e da doença, o que mais nos afasta é uma conformação defeituosa, e nem o mais belo rosto pode compensar um corpo deformado, e, antes, um rosto feio em um corpo bem feito será sempre preferido. É sempre um defeito do esqueleto o que mais se nota, por exemplo, uma estatura baixa e gorda, pernas muito curtas, ou ainda o andar coxo, quando não é conseqüência de um acidente exterior. Ao contrário, um belo corpo pode compensar muitos defeitos — não resistimos ao seu encanto. O grande valor que todos atribuímos aos pés pequenos relaciona-se também a essas considerações; com efeito, trata-se de um caráter essencial da espécie, já que nenhum outro animal tem o conjunto do tarso e metatarso tão pequenos quanto o homem, o que está relacionado com o seu andar ereto, uma vez que ele é um plantígrado. A esse respeito diz *Jesus de Sirac* (26, 23, conforme a tradução corrigida de Kraus) : "uma mulher de bom talhe e com belos pés é como colunas de ouro sobre bases de prata". Os dentes são de igual importância, pois servem à alimentação e são particularmente hereditários. A quarta consideração é uma certa abundância de carnes, isto é, a predominância da função vegetativa, da plasticidade, pois ela promete ao feto alimento rico: é por isso que uma mulher alta e magra desagrada tanto aos homens. Os seios bem redondos e bem feitos exercem uma fascinação extraordiária sobre os homens, pois encontrando-se em relação direta com as funções reprodutivas da mulher, prometem ao recém-nascido rica alimentação. As mulheres muito gordas nos repelem porque esse estado mórbido é indicativo de atrofia do útero e, portanto, esterilidade; e isso não é a inteligência que sabe, mas o instinto. A consideração sobre a beleza do rosto vem em último lugar. Também neste aspecto a parte óssea é o que se nota antes de tudo: está principalmente em um nariz bem feito, ao passo que um nariz pequeno, arrebitado, estraga tudo. Uma leve curvatura no nariz, para cima ou para baixo, tem decidido a sorte de um grande número de moças, e com muita razão, pois se trata de conservar o tipo da espécie. Uma boca pequena, com pequenos maxilares, é fundamental, como caráter específico do rosto humano, em oposição ao focinho dos animais. Um queixo para trás, como que amputado, é particularmente repulsivo, já que o *mentum prominulum* [10] é um traço de caráter da nossa espécie. Por último, vem a consideração da beleza dos olhos e da testa, que se relacionam às qualidades psíquicas, principalmente as qualidades intelectuais, herança da mãe.

Naturalmente, não podemos relacionar de modo tão preciso as considerações inconscientes relacionadas à inclinação das mulheres. De um modo geral, podemos afirmar o seguinte. Preferem a idade compreendida entre os trinta e trinta e cinco anos, mesmo à dos anos da juventude, que contudo representam o mais belo exemplo da beleza humana. Isso ocorre porque são guiadas não pelo gosto, mas pelo instinto, que reconhece naquela idade o apogeu da força geradora. De modo geral, dão pouca importância à beleza, especialmente à do rosto, como se tomassem exclusivamente para si a tarefa de a transmitir à criança. É sobretudo a coragem e a força do homem o que lhes conquista o coração, pois essas qualidades prometem a geração de crianças fortes, assegurando a estas, ao mesmo tempo, um protetor corajoso. Qualquer defeito físico do homem, qualquer desvio do tipo, a mulher pode suprimi-los na geração, desde que as partes correspondentes da sua constituição, defeituosa no homem, sejam nela irrepreensíveis, ou as exceda em sentido oposto. Excetuam-se apenas as qualidades do homem específicas do seu sexo, e que portanto a mãe não pode dar à criança, como por exemplo a estrutura masculina do esqueleto, ombros largos, ancas estreitas, pernas retas, força dos músculos, coragem, barba, etc. Por essa razão, muitas vezes as mulheres amam homens feios, mas nunca homens efeminados, visto que não podem neutralizar esta carência.

A segunda ordem de considerações que estão no fundamento do amor concernem às qualidades psíquicas. Encontraremos aqui as qualidades de coração ou caráter do homem que atraem a mulher, porque a criança herda essas qualidades do pai. É sobretudo a vontade firme, a decisão e a coragem, talvez ainda a retidão e a bondade do coração, que cativam a mulher. Ao contrário, as qualidades intelectuais não exercem sobre ela poder direto e instintivo, exatamente em virtude de o pai as não transmitir aos filhos. A falta de inteligência não prejudica os homens junto às mulheres, pelo contrário, um espírito superior, ou mesmo o gênio, pela desproporção,

[10] Queixo proeminente. (N. do T.)

muitas vezes podem ter um efeito desfavorável. Com freqüência se vê um homem de boa constituição, espirituoso e delicado ser preterido em favor de um outro feio, estúpido e grosseiro. Igualmente são feitos casamentos por amor entre pessoas extremamente diferentes sob o ponto de vista do espírito: por exemplo, ele é rude, forte e estúpido; ela, delicada, impressionável, instruída, de pensamento refinado, senso artístico; ou então ele, é muito sábio, talentoso, enquanto ela é uma néscia:

Sic visum Veneri; cui placet impares
Formas atque animos sub juga aenea
Saevo mittere cum joco. [11]

Isso acontece porque as considerações que aqui estão em jogo são as considerações instintivas, e não as intelectuais. No casamento visa-se não ao prazer do espírito, mas à procriação de crianças: é uma união dos corações e não das cabeças. Quando uma mulher diz estar enamorada do espírito de um homem, ou se trata de pretensão vã e risível, ou a exaltação de um ser degenerado. Os homens, pelo contrário, no amor instintivo não são determinados pelas qualidades de caráter da mulher; por isso tantos Sócrates encontraram as suas Xantipas, como por exemplo Shakespeare, Albrecht Dürer, Byron, etc. Nesse caso, as qualidades intelectuais têm uma grande influência, porque são herdadas pela mãe, porém a sua influência é facilmente suplantada pela da beleza física, a qual referindo-se a pontos mais essenciais, tem efeito mais imediato. Todavia, ocorre que muitas mães, sabendo por experiência daquela influência intelectual, fazem com que as filhas aprendam as belas-artes, as línguas e coisas do gênero, para as tornar atraentes aos homens, procurando, dessa forma, ajudar a inteligência com meios artificiais, do mesmo modo como tentam desenvolver, em caso de necessidade, as ancas e seios. Percebamos que neste caso se trata exclusivamente da atração instintiva e imediata, a única capaz de fazer nascer a verdadeira paixão do amor. Que uma mulher inteligente e instruída aprecie a inteligência e o espírito de um homem, que um homem razoável e ponderado leve em consideração o caráter da noiva, nada disso

[11] "Assim trabalha Vênus, comprazendo-se em unir formas e almas desiguais, sob jugo brônzeo... E assim se diverte. (N. do T.)

muda o que estamos tratando aqui: trata-se da escolha racional de um casamento, mas não do amor apaixonado, tema do qual estamos nos ocupando.

Até agora tratei apenas das considerações absolutas, isto é, daquelas que valem para as pessoas em geral; a partir daqui passarei às considerações relativas, que são individuais, porque nelas a finalidade é retificar um tipo da espécie que se mostra defeituoso, corrigir os desvios que a própria pessoa que escolhe traz em si, e desse modo remeter este tipo a toda sua pureza. A escolha individual, fundada nessas considerações relativas, é bem mais determinada, decidida e exclusiva que a escolha que se fundamenta nas considerações absolutas; portanto, é dessas considerações relativas que de ordinário se origina o amor apaixonado, ao passo que os amores fáceis e comuns são guiados apenas por considerações absolutas. Por aí se pode ver que nem sempre é a beleza regular e perfeita que costuma dar origem às grandes paixões. Para uma inclinação verdadeiramente apaixonada é necessária uma condição que só podemos expressar por meio de uma metáfora extraída da química: as duas pessoas devem se neutralizar mutuamente, do mesmo modo que um ácido e um álcali formam um sal neutro. E para isso as determinações são as seguintes. Em primeiro lugar, toda constituição sexual é incompleta, e essa imperfeição varia com os indivíduos. Tanto em um quanto em outro sexo, cada indivíduo é uma parte do todo, unilateral e imperfeita, podendo essa unilateralidade ser em maior ou menor grau, conforme variam também os indivíduos. E assim cada indivíduo encontra o seu complemento em um determinado indivíduo do outro sexo, o qual corresponde à parte indispensável do tipo da humanidade, que o completa e neutraliza os desvios, e produz um tipo perfeito da humanidade no novo indivíduo a ser procriado, pois é sempre à constituição desse futuro ser que tudo sempre concorre. Os fisiólogos sabem que a sexualidade, no homem e na mulher, tem inúmeros graus; nos homens a virilidade pode diminuir até o horrível ginantropo e hipospadia, e entre as mulheres pode se elevar até o gracioso andrógino; ambos os sexos podem atingir o hermafroditismo perfeito, e tais indivíduos, que ficam no justo meio entre os dois sexos, não pertencem a nenhum, e são portanto incapazes para a reprodução. Para a neutralização mútua de duas individualidades requer-se que o grau determinado de sexualidade do homem corresponda exatamente ao grau de sexualidade da mulher, de modo que essas duas disposições parciais se compensem da maneira exata e precisa. Assim, o homem mais viril buscará a mulher mais feminina, e vice-versa. Os amantes sentem instintivamente a proporção necessária a cada um deles, e esse cálculo inconsciente encontra-se, junto com outras considerações relativas, no fundo de todas as grandes paixões. Quando, então, os enamorados falam em termos patéticos da harmonia de suas almas, deve-se entender, na maioria das vezes, que aquilo que realmente está em jogo é a harmonia das qualidades físicas próprias de cada sexo, de forma que procriem um ser perfeito — harmonia aliás que importa bem mais do que o acordo de suas almas, o qual, no mais das vezes, nem bem acabam as núpcias, transforma-se em um feroz discordância. Acrescentam-se a isso as considerações relativas mais afastadas baseadas no fato de que cada um procura suprimir pela outra pessoa as suas fraquezas, imperfeições e desvios do seu tipo, temendo que se perpetuem no futuro ser, ou que aumentem e se tornem deformidades. Quanto mais fraco é o homem no que diz respeito à força muscular, tanto mais buscará mulheres fortes; e igualmente fará a mulher; mas como é uma lei da natureza a mulher apresentar uma força muscular mais fraca, é mais comum que as mulheres prefiram os homens fortes.

Igualmente importante é a consideração quanto à estatura. Os homens baixos têm uma decidida inclinação por mulheres altas, e vice-versa. Essa propensão do homem baixo por mulheres altas cresce à medida que ele próprio tenha sido gerado por um pai de alta estatura, mas por herança da mãe ficou pequeno; e isso porque ele recebeu do pai o sistema de vasos sanguíneos, dos quais a energia é adequada para irrigar um corpo grande. No caso contrário, se o pai e avó já tinham estatura pequena, a tendência a mulheres altas será menor. A aversão da mulher alta por homens altos tem como fundamento o propósito da natureza de evitar uma raça de estatura demasiadamente alta, uma vez que a contribuição dessa mulher seria uma força fraca, que não poderia assegurar longa duração a essa raça gigantesca. Porém, se uma mulher alta escolhe um homem alto para marido, talvez para fazer boa figura na sociedade, então os descendentes haverão de expiar essa insensatez.

Não menos decisiva é a consideração acerca da constituição física. Os indivíduos louros têm uma inclinação por negros e morenos, porém o contrário quase nunca se verifica. A razão disso é que olhos azuis e cabelos louros são, na verdade, quase um desvio, à semelhança dos ratos brancos ou dos cavalos brancos. Em nenhum outro lugar da terra essas características são naturais, nem próximo aos pólos, só na Europa e, como é manifesto, são originários da Escandinávia. A propósito, quero expressar aqui minha opinião: a cor branca não é natural ao homem; por natureza, o homem tem a cor preta ou morena, da mesma forma que os indianos, nossos antepassados; portanto, não existe uma raça branca — jamais um homem branco nasceu originariamente assim da natureza — e por mais que se tenha falado sobre uma tal raça branca, o homem branco é um homem empalidecido. O homem se tornou branco no curso do tempo porque, impelido para o norte, em uma região estranha a ele, apenas conseguiu sobreviver como uma planta exótica, precisando, como ela, de estufa no inverno. Essa transição da constituição física dos indianos para a nossa, pode ser vista nos ciganos, um ramo indiano que emigrou há apenas quatro séculos. Portanto, no amor sexual a natureza procura voltar aos cabelos e olhos escuros, mas a pele branca se tornou uma segunda natureza, se bem que não tanto que nos faça sentir aversão pela cor morena dos indianos.

Enfim, nas várias partes do corpo cada um procura o corretivo para o seu desvio, e tanto mais cuidadosamente à medida que essa parte é mais importante. Dessa forma, as pessoas que têm o nariz achatado contemplam com inexprimível prazer um nariz aquilino, um perfil de papagaio, e igualmente com as demais partes, e homens delgados e altos olham com prazer um corpo demasiado compacto. Do mesmo modo ocorre com o temperamento: cada qual prefere o que lhe é oposto, contudo apenas na proporção em que o seu temperamento é decisivo. Não que uma pessoa perfeita em um aspecto qualquer vá apreciar ou amar precisamente as imperfeições contrárias, entretanto as aceita mais facilmente que os outros, porque as crianças estão aí protegidas contra uma imperfeição maior. Por exemplo, uma pessoa de pele muito branca não sentirá repugnância por uma tez cor de azeitona, mas para a pessoa bem morena a tez extremamente branca parecerá divinamente bela. Há casos raros em que o homem se apaixona por uma mulher feia de fato; isso acontece segundo a lei da concordância dos sexos, que examinamos acima, quando então o conjunto dos defeitos e irregularidades físicas da mulher é o oposto perfeito dos do homem, e por conseguinte o seu corretivo. Em casos como este, a paixão costuma atingir um grau excepcional.

O profundo cuidado com que avaliamos as partes do corpo da mulher que começa a nos agradar (que, de seu lado, ela o faz também), a firmeza de nossa escolha, o cuidado redobrado com que o noivo avalia a sua noiva, cauteloso para não ser enganado por nenhuma parte, a grande importância que atribui às partes essenciais — tudo isso está perfeitamente adequado à importância da finalidade, visto que o ser que será gerado carregará por toda a vida as características resultantes. Assim, se a mulher é somente um pouco encurvada, pode ocorrer que o filho tenha uma corcunda, etc.

Tudo isso acontece certamente de forma inconsciente; o indivíduo supõe estar fazendo determinada escolha apenas no interesse da própria volúpia, contudo está apenas obedecendo à ordem superior da espécie, cuja missão secreta é manter o tipo o mais puro possível. Vem daí a importância que dá a coisas que, em si, poderiam e até mesmo deveriam lhe ser indiferentes. Não há nada mais singular que a gravidade profunda e inconsciente com a qual dois jovens de sexos diferentes, que se vêem pela primeira vez, se analisam mutuamente: o olhar inquiridor e penetrante que se lançam, a inspeção escrupulosa a que todas as partes de seu corpo tem de se submeter. Esse exame, essa investigação, é a *meditação do gênio da espécie* sobre a criança que eles poderiam procriar, e a combinação de suas qualidades. O resultado dessa meditação irá determinar o grau da simpatia que os atrai e o seu desejo mútuo. Após ter atingido um grau significativo, esse primeiro movimento pode subitamente se paralisar pela descoberta de alguma coisa que até então passara despercebida.

Desse modo, o gênio da espécie medita, em todos aqueles que estão aptos para procriar, a geração futura, cuja constituição é a grande obra de Cupido, incessantemente especulando e engendrando. Diante dos grandes interesses da espécie — presente e futura — as questões das efêmeras individualidades são bem insignificantes; por isso o gênio da espécie está sempre pronto a sacrificá-las, sem contemplação. O gênio da espécie está para os indivíduos assim como um imortal está para os mortais, e seus interesses estão para os homens assim como o infinito está para o finito. Consciente de que administra negócios que estão acima daqueles apenas concernentes ao bem ou mal do indivíduo, os conduz com suprema impassibilidade, em meio ao tumulto da guerra, ou na agitação dos negócios, ou nos horrores de uma peste, nem mesmo os deixando sós quando no retiro do claustro.

Vimos acima que a intensidade do amor aumenta à proporção que se individualiza, ao demonstrarmos como a constituição física de dois indivíduos pode ser tal que, para aprimorar ou restabelecer o tipo da espécie e torná-lo perfeito, um desses indivíduos deve ser o complemento do outro, o que os faz se desejarem com exclusividade. E por se fixar sobre um único objeto e representar uma missão especial da espécie, esse desejo assume uma aura nobre e sublime. Pela razão inversa, o mero impulso sexual é vulgar, porque não se dirige a um indivíduo único, mas a todos, e busca conservar a espécie apenas pela quantidade, sem se importar com a qualidade. Quando o amor é dirigido a um único ser e atinge grau muito elevado de intensidade, se não puder ser satisfeito, todos os bens do mundo e a própria vida perdem o valor. É uma paixão de uma força inigualável, que não pára diante de nenhum sacrifício, e se não conseguir se realizar, pode levar à loucura ou ao suicídio. Devem existir, além das já citadas, outras causas inconscientes de uma tal paixão extremada, ainda que menos aparentes. Assim, temos de admitir que aqui não se trata apenas de adequação física, mas também a vontade do homem e a inteligência da mulher tem uma adequação mútua especial, em razão da qual um certo indivíduo completamente determinado somente pode ser gerado por eles, e é à existência desse indivíduo que o gênio da espécie visa, aqui, por razões que, ocultas na essência da coisa-em-si, não nos são acessíveis. Ou melhor, a vontade de vida deseja aqui objetivar-se em um indivíduo perfeitamente determinado, que só pode ser gerado por esse pai junto com essa mãe. Esse desejo metafísico da vontade em si não tem nenhuma outra esfera de ação, na série dos seres, a não ser os corações dos futuros pais que, levados por tal impulso, supõem estar desejando para si mesmos o que apenas tem um fim puramente metafísico, isto é, situado fora do círculo das coisas realmente existentes. Portanto, essa aspiração de um futuro ser — que provém da fonte originária de todos os seres e encontra aqui a sua ocasião única de chegar à existência — é aquilo que se manifesta no fenômeno como a mútua paixão suprema e exclusiva dos futuros pais; no fundo, uma ilusão sem par, que faz com que um enamorado sacrifique todos os bens da terra em troca da união com esta mulher, que, afinal, não lhe pode proporcionar mais do que qualquer outra. Que seja este o único fim a que se visa prova-o o fato de que essa sublime paixão, tanto quanto as outras, extingue-se no gozo — para o grande espanto dos envolvidos. Extingue-se também quando a mulher é estéril (o que, segundo Huseland, pode se originar de dezenove erros acidentais de constituição), quando, então, o fim metafísico é obstado; e assim também se extinguem diariamente milhões de germens, nos quais também o mesmo princípio metafísico da vida aspira à existência. Para isso não existe outro consolo senão o de estar à disposição da vontade de vida uma infinitude de espaço, tempo e matéria e, portanto, uma inesgotável ocasião de retorno.

Teofrasto Paracelso, que jamais tratou desse assunto, e para quem, aliás, toda esta minha concepção era totalmente desconhecida, tem de ter pensado, ainda que vagamente, naquilo que expressamos aqui, quando escreveu (embora em outro contexto, e à sua maneira): *Hi sunt, quos Deus copulavit, ut eam, quae fuit Uriae et David; quamvis ex diametro (sic enim sibi humana mens persuadebat) cum justo et legitimo matrimonio pugnaret hoc... sed propter Salomonem, qui aliunde nasci non potuit, nisi ex Bathseba, conjuncto David semine, quamvis meretrice, conjunxit eos Deos* (*De vita longa,* I, 5).[12]

O desejo de amor, que desde sempre os poetas se ocuparam em exprimir de mil formas, sem jamais esgotar seu objeto, e nem mesmo dar conta dele, esse desejo que liga à posse de uma mulher determinada a representação de uma felicidade suprema, ou de uma inexprimível dor ao pensamento de não poder tê-la — esse desejo e essa dor não podem ter por princípio as necessidades de um indivíduo efêmero; são, antes, o suspiro do gênio da espécie que, para realizar os seus fins, vê aqui a ocasião insubstituível para atingir ou perder seus intentos e, por isso, lança profundos gemidos. Só a espécie tem vida infinita e só ela é capaz de desejos, satisfações e dores infinitos. Mas estes estão encerrados no estreito peito de um mortal — portanto, não é de espantar que ele pareça despedaçar e não consiga exprimir o pressentimento da delícia ou dor infinitas que o invade.

É justamente essa a fonte de toda poesia erótica de gênero elevado,

[12] "Estes são os que Deus uniu, como por exemplo aquela que foi de Urias e Davi, embora essa união (disso estava persuadido o espírito humano) esteja diametralmente em desacordo com um justo e legítimo matrimônio. Mas, por causa de Salomão, que não podia nascer de outros, e sim apenas de Bathseba e do sêmen de Davi, embora ela fosse meretriz, Deus os uniu." (N. do T.)

que eleva-se em metáforas transcendentes que pairam muito acima das coisas terrenas. É o que inspirava Petrarca, a matéria de Saint-Preux, Werther e Jacobo Ortis, que, sem isso, não seriam compreensíveis e nem explicáveis. Esse valor infinito que os amantes se dão mutuamente não pode se basear em eventuais qualidades intelectuais e nem em qualidades objetivas e reais; até porque os amantes, com freqüência, não se conhecem o suficiente, como era o caso de Petrarca. Só o espírito da espécie pode abarcar com um único olhar o valor que os amantes têm para ele, para os seus fins. É por isso, também, que as grandes paixões nascem, geralmente, à primeira vista: *Who ever lov'd, that lov'd not at first sight?* [13] (Shakespeare, *As you like it*, III, 5)

Nesse sentido, merece ser citado aqui um trecho do romance, já famoso há duzentos e cinqüenta anos, *Guzman de Alfarache*, de Mateo Aleman: *No es necesario, para que uno ame, que pase distancia de tiempo, que siga discurso, ni haga elección, sino que com aquella primera y sola vista, concurran juntamente cierta correspondencia o consonancia, o la que acá solemos vulgarmente decir, una confrontación de sangre, y que por particular influxo suelen mover las estrellas.*[14] Do mesmo modo, a perda da amada, para a morte ou um rival, é também sentida pelo amante enamorado como uma dor maior que todas as outras, precisamente porque é uma dor de natureza transcendente, visto que o atinge não apenas como indivíduo, mas em sua *essentia aeterna*, na vida da espécie, em cuja vontade e missão ele estava encarregado de realizar. Por essa razão o ciúme é tão feroz e cheio de tormentos, e renunciar à amada é o maior de todos os sacrifícios. Um herói pode se envergonhar de todas as suas lamúrias, menos as de amor, pois aí não é ele que se lamenta, mas a espécie. Na *Grande Zenóbia*, de Calderón, há uma cena no segundo ato, envolvendo Zenóbia e Decius, em que este diz:

Cielos, luego tu me quieres?

---

[13] "Quem já amou que não tenha sido à primeira vista?" (N. do T.)

[14] "Não é necessário, para que alguém ame, que decorra muito tempo, que se faça reflexão e nem escolha, basta que, naquele primeiro e único olhar, ocorra certa correspondência ou consonância, ou aquilo que costumamos vulgarmente designar como uma simpatia de sangue, e que com um particular influxo move as estrelas". (N. do T.)

Perdiera cien mil victorias,
Volviérame, etc. [15]

Aqui, pois, a honra, que até então sobrepujava todos os outros interesses, foi derrotada assim que o amor sexual, isto é, o interesse da espécie, entrou em cena e viu ali uma vantagem decisiva, pois este interesse prevalece diante de quaisquer interesses do simples indivíduo. Em face de tal interesse cedem, então, a honra, o dever e a fidelidade, depois de terem resistido a toda sorte de tentações, mesmo à ameaça de morte. Da mesma forma, na vida privada não há nenhum outro ponto no qual a delicadeza de consciência seja mais rara, e mesmo as pessoas mais honestas e probas a põem de lado e cometem adultério sem escrúpulos, tudo quando o amor apaixonado, isto é, o interesse da espécie, apodera-se delas. Dir-se-ia que acreditam ter consciência de uma prerrogativa maior que as dadas pelos interesses individuais; porque elas agem no interesse da espécie. Sob esse aspecto, a seguinte passagem de Chamfort merece ser citada: *Quand un homme et une femme ont l'un pour autre une passion violente, il me semble toujours que, quels que soient les obstacles qui les séparent, un mari, des parent, etc., les deux amans sont l'un à l'autre, de par la Nature, qu'ils s'appartiennent de droit divin, malgré les lois et les conventions humaines* [16]. Se alguém quisesse protestar contra isso, eu o lembraria da notável indulgência com que o Salvador, no Evangelho, trata a adúltera, quando pressupõe a mesma culpa em todos os que estão presentes na cena. A maior parte do *Decamerão*, desse ponto de vista, parece ser uma pura zombaria e sarcasmo do gênio da espécie sobre os direitos e interesses dos indivíduos, por ele pisoteados. O gênio da espécie, sem nenhum esforço, desconsidera e anula todas as diferenças de posição e barreiras sociais que se antepõem à ligação dos amantes enamorados, que, tendo em mira tão-somente as

---

[15] "Céus! também tu me amas?/ Por causa disso renunciaria a cem mil vitórias,/ Retornaria, etc." (N. do T.)

[16] "Quando um homem e uma mulher têm um pelo outro uma paixão violenta, parece-me sempre que, sejam quais forem os obstáculos a separá-los, um marido, os pais, etc., os dois amantes são, por natureza, um do outro, eles se pertencem por direito divino, a despeito das leis e convenções humanas." (N. do T.)

gerações futuras, dissipa como se fosse uma migalha todas aquelas instituições humanas. Por essa razão profunda, que está no fundamento da paixão enamorada, todo perigo é enfrentado, e até o mais pusilânime se torna corajoso.

Mesmo na comédia e no romance vemos com prazer e simpatia os jovens que defendem o seu amor — isto é, o interesse da espécie — triunfarem sobre a hostilidade dos mais velhos, que se preocupam unicamente com os interesses individuais. Pois quanto mais a espécie é mais importante que o indivíduo, tanto mais o esforço dos amantes nos parece mais importante, elevado e justo, que todos os que se lhe opõem. Em conformidade com isso, o tema fundamental de quase todas as comédias é a entrada em cena do gênio da espécie, com os seus fins que contrariam os interesses dos outros personagens da peça e, portanto, ameaçam destruir sua felicidade. Em geral ele consegue seus intentos, e o desenlace, de acordo com a justiça poética, satisfaz o espectador, porque este sente que os desígnios da espécie são superiores aos dos indivíduos. Por isso, terminada a peça, o espectador sai muito satisfeito, deixando os amantes entregues à sua vitória, pois compartilha com eles a ilusão de que eles fundaram a própria felicidade, quando na verdade a sacrificaram para o bem da espécie, malgrado a oposição dos mais velhos precavidos. Em algumas comédias, tentou-se inverter a norma e realizar a felicidade dos indivíduos, em detrimento dos fins da espécie: porém aí o espectador sente a mesma dor que o gênio da espécie padece, não logrando consolá-lo a vantagem assegurada aos indivíduos. Como exemplo, ocorrem-me as peças, muito conhecidas, *la Reine de seize ans,* e *Le mariage de raison.* Em tragédias cujo tema é o amor, os amantes quase sempre sucumbem quando não conseguem fazer triunfar os fins da espécie, dos quais eles eram o instrumento, como por exemplo, *Romeu e Julieta*, *Tancredo*, *Don Carlos*, *Wallenstein*, *A Noiva de Messina*, etc.

Um homem enamorado pode cair no cômico tanto quanto no trágico, porque em ambos os casos ele está nas mãos do gênio da espécie, que o domina a ponto de não mais pertencer a si próprio: sua conduta não é mais, na verdade, a de um indivíduo. O que dá, nos graus mais elevados da paixão, esse aspecto tão poético e sublime de que se lhe revestem os pensamentos, essa elevação transcendente e sobrenatural, em razão da qual o indivíduo parece perder completamente de vista seus fins próprios e bastante físicos é o fato de que então ele está animado pelo gênio da espécie e seus interesses são infinitamente mais elevados do que os que se referem meramente aos indivíduos; recebeu a missão de fundar toda uma série indefinida de gerações, dotadas *desta* determinada constituição individual e de certos elementos que só se podem encontrar *neste* único pai e *nesta* única mãe, e apenas *esta* união pode dar existência à geração determinada que ali, expressamente, a vontade de vida exige. É o sentimento que têm os amantes de agir em questão de importância tão transcendente que os eleva acima da coisas terrenas, acima até de si mesmos, e confere aos seus desejos bem materiais uma aparência de tal forma imaterial, que torna o amor um episódio poético até mesmo na vida do homem mais prosaico, o que, às vezes, o torna ridículo.

Essa missão que a vontade, zelando pelos interesses da espécie, impõe ao enamorado, apresenta-se à consciência deste sob a máscara de uma infinita bem-aventurança, que seria alcançada na união com a mulher amada. Nos graus supremos da paixão, essa quimera é tão radiante que, se não puder ser realizada, a própria vida perde todo encanto e torna-se tão isenta de alegria e insípida, que o desgosto causado por ela supera até mesmo o medo da morte; por isso, às vezes um infeliz põe fim voluntariamente aos seus dias. A vontade de tal homem, nesse caso, entrou no turbilhão da vontade da espécie ou, antes, esta subjugou de tal maneira a vontade individual que, se o homem não pode agir como representante da vontade da espécie, desdenha agir em prol da vontade própria. O indivíduo é, aí, um vaso por demais frágil para conter o desejo infinito da vontade da espécie concentrada em um objeto determinado. Não tem, então, outra saída senão o suicídio e, por vezes, até o duplo suicídio de ambos os amantes; a menos que a natureza, para salvar a vida, deixe que apareça a loucura que encobre com o seu véu a consciência desse estado desesperado. Não se passa nenhum ano em que vários casos análogos a este deixem de confirmam essa verdade.

Porém, não é apenas a paixão insatisfeita que tem, às vezes, um desfecho trágico, mas também o amor satisfeito, que com mais freqüência conduz à infelicidade que à felicidade. Pois as exigências do amor, colidindo com o bem-estar da pessoa envolvida, são de tal modo incompatíveis com as outras relações da sua vida, que destroem todos os projetos, esperanças e sonhos que foram construídos sobre ela. O amor não apenas está em contradição com as situações exteriores, como também o está, muitas vezes, com a própria individualidade, quando se projeta sobre pessoas que, fora das relações sexuais, seriam odiadas pelo amante, desprezadas e até mesmo repulsivas. Mas a vontade da espécie tem um tamanho poder sobre o indivíduo, que o amante fecha os olhos aos atributos que lhe são desagradáveis naquela que ama; de nada se dá conta, unindo-se para sempre ao objeto de sua paixão, de tal maneira o fascina essa ilusão, que desaparece tão logo a vontade da espécie se satisfaz, restando-lhe uma companheira detestada para toda a vida. Só assim pode se explicar como homens razoáveis e mesmo distintos unem-se a harpias e megeras, e não conseguem conceber como puderam fazer semelhante escolha. Por isso os antigos representavam o Amor de olhos vendados.

Com efeito, um enamorado pode conhecer claramente os defeitos de caráter e temperamento intoleráveis de sua noiva, os quais lhe pressagiam uma vida atormentada, mas não consegue renunciar a ela:

I ask not, I care not,
If guilt's in thy heart;
I know that I love thee,
Whatever thou art. [17]

Pois, no fundo, o enamorado não está cuidando do próprio interesse, embora assim o suponha, mas o de um terceiro indivíduo, que ainda deve nascer. Mas esse fato mesmo de não estar cuidando do seu próprio bem, que geralmente é marca de grandeza, confere aqui ao amor apaixonado esse aspecto sublime e o torna um objeto digno de poesia. Enfim, ocorre que o amor é compatível até com o ódio mais violento contra o seu objeto, e por essa razão Platão o comparou com o amor dos lobos pelas ovelhas. Esse caso acontece quando um apaixonado, malgrado todos os esforços e súplicas, não consegue fazer-se ouvir de forma alguma: *I love and hate her*. (Shakespeare, *Cymb*. III, 5). [18]

O ódio contra a amada às vezes é tão exaltado e extremo, que o leva a matar a amante, suicidando-se em seguida. Cada ano exemplos desses casos podem ser lidos nos jornais ingleses e franceses. Quanta verdade encontramos nestes versos de Goethe:

---

[17] "Não pergunto, não me inquieto,/ Se és culpada em teu coração;/Sei que te amo,/Não importa o que sejas." (N. do T.)

[18] "Amo-a e a odeio." (N. do T.)

Por todo amor desprezado! Pelo elemento infernal!
Quisera conhecer algo ainda mais atroz para poder amaldiçoar!

Não é verdadeiramente uma hipérbole quando um enamorado denomina crueldade a frieza de sua amada, ou o prazer que ela encontra em fazê-lo sofrer, pois ele se acha sob a influência de um impulso que, à semelhança do instinto dos insetos, o compele, apesar da razão, a seguir incondicionalmente o seu fim e deixar de lado tudo o mais. Muitos Petrarcas existiram, que tiveram de arrastar através da vida inteira o seu amor sem esperança, como uma corrente, como um bloco de ferro no pé, e exalar os seus suspiros na solidão das florestas; mas apenas em um Petrarca estava ao mesmo tempo o dom da poesia; a ele, pois, se aplicam os belos versos de Goethe:

E se o homem em sua dor se cala,
Um deus me permitiu dizer o quanto sofro.

Com efeito, o gênio da espécie está sempre em guerra com os gênios protetores dos indivíduos; ele é o seu perseguidor e inimigo, sempre pronto a destruir sem pena a felicidade pessoal, para impor os seus fins. Até a salvação de nações inteiras por vezes foi sacrificada aos seus caprichos: Shakespeare dá-nos um exemplo a esse respeito em *Henrique VI*, parte III, ato III, 2 e 3. A espécie na qual está a raiz do nosso ser, tem sobre nós um direito mais imediato e anterior que o indivíduo: seus interesses vêm antes, portanto, dos nossos. Os antigos sentiram isso muito bem quando personificaram o gênio da espécie em Cupido, deus hostil e cruel, apesar de sua aparência infantil; um deus cruel, por isso mesmo mal-afamado, um demônio caprichoso, despótico e, não obstante, senhor dos deuses e dos homens: *Tu, deorum hominumque tyranne, Amor!* [19] Seus atributos são flechas mortíferas, uma venda e asas. As asas indicam a inconstância, que vem geralmente com a decepção, que é conseqüência do desejo satisfeito.

Uma vez que a paixão se baseava na ilusão que dissimulava como algo muito importante aquilo que só tem valor para a espécie, a ilusão tem de desaparecer logo que os fins da espécie foram atingidos. O gênio da espécie, que tinha se apoderado do indivíduo,

[19] "Tu, amor, tirano de deuses e homens!" (N. do T.)

deixa-o de novo livre. Este, assim abandonado, recai nos seus estreitos limites e pobreza, e espanta-se ao ver que, depois de tão sublimes, heróicos e infinitos esforços, nada lhe restou além da satisfação vulgar dos sentidos: contra toda a expectativa, não se encontra mais feliz do que antes. Percebe que foi enganado pela vontade da espécie. Portanto, em geral, um Teseu, uma vez feliz, abandonará sua Ariadne. Se a paixão de Petrarca tivesse sido satisfeita, seu canto teria cessado, como o do pássaro logo que os ovos são postos.

A propósito, observe-se aqui que, por mais que a minha metafísica do amor desagrade aos que caíram na armadilha dessa paixão, se no entanto, as considerações racionais tivessem algum poder contra tal paixão, a verdade fundamental que descobri, mais do que qualquer outra coisa, teria de torná-los capazes de exercer um domínio sobre ela. Mas deve-se ter em consideração a sentença do velho poeta cômico: *Quae res in se neque consilium, neque modum habet ullum, eam consilio regere non potes.* [20]

Os casamentos de amor são feitos no interesse da espécie e não no dos indivíduos. Estes supõem agir para a própria felicidade, mas o verdadeiro fim é alheio a eles, visto que está na procriação de um ser apenas possível por meio deles. Reunidos em virtude desse fim, devem procurar entender-se o melhor possível. Porém, com freqüência, graças a essa ilusão instintiva que é a essência do amor, o par assim formado será, no restante, de índole bastante heterogênea. Isso se observa quando a ilusão, como não poderia deixar de ocorrer, desaparece. Por isso, os casamentos contraídos por amor são, em geral, infelizes, porque asseguram a felicidade da geração futura, mas à custa da geração presente. *Quien se casa por amores, ha de vivir con dolores* [21], diz o provérbio espanhol. Nos casamentos de conveniência, concluídos na maior parte conforme a escolha dos pais, sucede o contrário. As considerações que governam esta espécie de casamentos, sejam do tipo que forem, pelo menos são reais, e não podem desaparecer por si mesmas. Tais considerações cuidam de assegurar a felicidade da geração presente, porém em detrimento da geração futura, e ainda assim aquela felicidade é

[20] "Aquilo que não tem em si razão nem medida, não pode ser regido pela razão." (N. do T.)

[21] "Quem se casa por amor, há de viver com dor." (N. do T.)

problemática. O homem que, ao se casar, visa não à satisfação de sua inclinação, mas ao dinheiro, vive mais como indivíduo do que como espécie, o que se opõe de modo absoluto à verdade, e portanto é contrário à natureza, merecendo um certo desprezo.

Uma moça que, apesar dos conselhos dos pais, recusa a mão de um homem rico e ainda moço, e rejeita todas as considerações de conveniências, para escolher em conformidade com a sua inclinação instintiva, sacrifica sua felicidade individual em favor do bem da espécie. E justamente por isso não se lhe pode recusar uma certa aprovação, pois ela preferiu o mais importante, e agiu no sentido da natureza (ou melhor, da espécie), enquanto os pais aconselhavam no sentido do egoísmo individual.

Parece, então, que ao ser feito um casamento, devem ser sacrificados ou os interesses da espécie, ou os do indivíduo. Com efeito, na maioria dos casos sucede assim, pois é muito difícil ver a conveniência e a paixão andarem de mãos dadas. A miserável constituição física, moral ou intelectual da maioria dos homens certamente provém, em parte, de serem contraídos os casamentos não por escolha ou pura inclinação, mas em razão de considerações inteiramente exteriores e segundo circunstâncias acidentais. Se, porém, junto com a conveniência, a inclinação, até certo ponto, for levada em consideração, é como que uma transação que se faz com o gênio da espécie. Como se sabe, os casamentos felizes são muito raros: isto acontece porque é da essência do casamento ter como fim principal não a geração presente, mas a vindoura. Que se acrescente, porém, para consolo das almas ternas e apaixonadas, que às vezes o amor ardente se associa a um sentimento de origem muito diversa, qual seja, a amizade verdadeira, baseada no acordo dos caracteres; contudo, no mais das vezes, ela apenas surge quando o amor sexual se extinguiu no gozo. Essa amizade nasce, na maioria dos casos, do acordo das qualidades morais, intelectuais e físicas complementares, das quais nasceu o amor sexual visando ao ser a ser procriado, que também concernem aos próprios indivíduos como uma espécie de oposição, em complementaridade mútua, estabelecendo assim uma harmonia de ânimos.

Toda a metafísica do amor, que acabo de expor, liga-se estreitamente à minha metafísica em geral, lançando sobre esta uma nova luz, conforme o que segue.

Vimos que a escolha atenta no amor sexual, que cresce por inúmeros graus até o amor apaixonado, tem como base o interesse tão elevado e grave que o ser humano tem pela constituição especial e pessoal da raça vindoura. Esse interesse extremamente notável confirma, dessa forma, duas verdades apresentadas nas páginas precedentes.

I - A primeira é a indestrutibilidade da essência própria do homem, que continua a existir na geração futura. Esse interesse, tão vivo e ativo, originado não da reflexão e intenção, mas de aspirações e impulsos mais íntimos de nosso ser, não poderia existir de um modo tão indelével e exercer sobre o homem um tão grande poder se este fosse absolutamente efêmero, e se as gerações se sucedessem completamente distintas umas das outras, não tendo outro laço que não o da continuidade do tempo.

II - A segunda verdade é que a essência própria do homem reside mais na espécie do que no indivíduo. Pois o interesse pela constituição particular da espécie, que está no princípio de todo o assunto de amor, desde a mais fugaz inclinação até a paixão mais séria, é para todos a questão crucial, isto é, a questão cujo sucesso ou insucesso os toca da maneira mais sensível. Vem daí tal questão ser chamada de *assunto do coração*, e, por isso, quando esse interesse se pronunciou de forma forte e decisiva, qualquer outro que seja concernente apenas ao próprio indivíduo lhe será subordinado e, se preciso, sacrificado. Desse modo, o homem atesta que a espécie o move mais que o indivíduo, e que vive mais diretamente naquela do que neste.

Por que, então, o apaixonado se entrega com total abandono àquela que escolheu, e está pronto a fazer qualquer sacrifício por ela? Porque é a sua parte *imortal* que anseia por ela, ao passo que todos os seus outros desejos provêm da sua parte efêmera, mortal. Esse desejo vivo, ardente, dirigido para uma mulher determinada, é então uma prova da indestrutibilidade da essência do nosso ser e da sua continuidade na espécie. Considerar tal continuidade como algo insuficiente e insignificante é um erro que se origina do fato de que por continuidade da vida da espécie só se entende a existência futura de seres semelhantes a nós, mas em nenhum aspecto idênticos, e isso porque, partindo de um conhecimento direcionado às coisas exteriores, considera-se apenas a figura exterior da espécie, tal como a concebemos intuitivamente, e não na sua essência íntima. Porém essa essência oculta é justamente o que está no fundamento da nossa consciência, como seu ponto central e, portanto, é mais imediata que a própria consciência, e, mais do que qualquer outra coisa, livre do *principium individuationis* [22]; essa essência é absolutamente idêntica em todos os indivíduos, quer eles existam juntos neste momento, quer um suceda ao outro. Essa essência é a vontade de vida, é aquilo que anseia pela vida e sua continuidade. É justamente essa força o que a morte poupa e deixa ilesa; contudo, essa força imutável não pode conduzir a uma situação melhor que a sua situação presente, pois, junto com a vida, estão também assegurados o sofrimento e a morte permanentes dos indivíduos. Eles podem se livrar dos sofrimentos e da morte pela negação da vontade de vida, por meio da qual a vontade do indivíduo se separa do ramo da espécie, suprimindo sua existência nesta. Para falar sobre o que depois se torna essa vontade, faltam-nos conceitos e mesmo dados acerca do assunto. Apenas podemos designá-lo como aquilo que tem a liberdade de ser ou não vontade de vida. Este último caso é chamado pelo budismo de *Nirvana* cuja etimologia foi dada em nota ao final do capítulo XLI[23], e é precisamente o ponto que permanece para sempre inacessível a todo o conhecimento humano.

Se agora, sob o ponto de vista destas últimas considerações, mergulharmos nosso olhar no tumulto da vida, o que veremos? Todos os homens ocupados com a necessidade e os tormentos, empregando todas suas forças para satisfazer necessidades sem fim e se protegerem do sofrimento sob inúmeras formas, sem todavia ousarem esperar outra coisa a não ser a conservação, por um curto intervalo de tempo, dessa existência individual atormentada. Contudo, no meio do tumulto, notamos os olhares de dois enamorados se encontrarem plenos de desejo — mas por que com tanto mistério, por que assim com tanto medo e às escondidas? Porque esses enamorados são os traidores que em segredo tramam perpetuar toda a miséria e tormentos que, sem eles, logo teriam um fim — um fim que eles querem impedir, da mesma maneira que, antes deles, seus semelhantes fizeram. Mas esta consideração já está antecipando o que será tratado no capítulo seguinte.

---

[22] Princípio de individuação. (N. do T.)

[23] Trata-se do capítulo intitulado *Da morte e sua relação com a indestrutibilidade do nosso ser-em-si*, que faz parte desta nossa edição. (N. do T.)

Contribuições à doutrina do sofrimento do mundo*

* Na obra *Parerga* e *Paralipomena*, este texto encontra-se no capítulo XII. (N. do T.)

CAPÍTULO II

Contribuições à doutrina do sofrimento do mundo

§ 148

O sentido mais próximo e imediato de nossa vida é o sofrimento, e se não fosse assim, nossa existência seria o maior dos contra-sensos, pois é um absurdo imaginar que a dor infinita, que nasce da necessidade essencial à vida, da qual o mundo está pleno, é meramente acidental e sem sentido. Nossa receptividade para a dor é quase infinita, mas o mesmo não ocorre com nossa receptividade para o prazer, que tem limites estreitos. É a infelicidade em geral que é a regra, embora a infelicidade individual apareça como exceção.

§ 149

Do mesmo modo que um córrego não forma remoinhos a não ser quando encontra obstáculos, assim também acontece com a natureza humana e a animal: nada notamos e apreendemos corretamente quando tudo se passa em conformidade com nossa vontade, e vice-versa. Tudo que se opõe à nossa vontade nos é desagradável e dolorido, e então o percebemos direta, imediata e bem claramente. Assim como não sentimos a saúde de todo nosso corpo, mas tão-somente o ponto onde o sapato aperta, igualmente não pensamos na totalidade de nossos interesses, que se nos apresentam de forma inteiramente satisfatória, mas nos aborrecemos com a menor bagatela que aparece. É aí que se encontra o fundamento da negatividade da felicidade e do bem-estar, que tantas vezes fiz ressaltar, em oposição à positividade da dor.

Não conheço absurdo maior do que aquele que a maioria dos sistemas metafísicos afirma, a saber, que o mal é algo negativo. Pois sucede exatamente o contrário: o mal é o positivo, é aquilo que em si mesmo se torna sensível; e o bem (por exemplo, toda felicidade e satisfação) constitui o negativo, isto é, vem a ser a supressão do desejo e a eliminação de uma angústia. Em conformidade com isso está o fato de que, geralmente, consideramos as alegrias bem abaixo da nossa expectativa, e as dores bem acima desta. Em poucas palavras, quem quiser comprovar a afirmação de que no mundo o prazer ultrapassa a dor, ou que pelo menos que se mantém em equilíbrio, que compare a sensação do animal que devora um outro, com a sensação daquele que é devorado.

§ 150

A melhor maneira de se consolar, em qualquer infelicidade ou sofrimento, é observar aqueles que são ainda mais infelizes que nós: e isso todos podemos fazer. Mas, em relação ao todo, o que pode resultar disso?

Parecemo-nos com carneiros a brincar na relva, enquanto o açougueiro, com os olhos, está a escolher alguns entre eles; pois nestes bons tempos não sabemos que infelicidade precisamente agora o destino está nos preparando: doença, perseguição, empobrecimento, mutilação, cegueira, loucura, morte, etc.

A história mostra-nos a vida dos povos, e ali encontra apenas guerras e rebeliões para nos narrar; os anos de paz nos parecem tão-somente breves pausas, entre atos, aqui e ali. Igualmente a vida do indivíduo é uma luta contínua com a necessidade e o tédio, e não apenas no sentido metafórico. Por toda parte o homem encontra oposição, vive continuamente em luta, e morre segurando suas armas.

§ 151

Também o impelir do tempo contribui para a miséria de nossa existência, e de um modo assaz significativo, impedindo-nos de tomar fôlego, perseguindo a todos como um carrasco portando o açoite. Apenas é poupado aquele que se entregou ao tédio.

§ 152

Porém, do mesmo modo que nosso corpo explodiria, caso lhe fosse retirada a pressão da atmosfera, assim também, se fossem tiradas da vida dos homens a pressão da necessidade, dificuldade, contrariedade e frustração, a petulância dos homens cresceria (embora não a ponto de estourar) até as manifestações desenfreadas da loucura e do delírio. Todos necessitam sempre de uma certa dose de preocupação, de dor, ou necessidade, como o navio precisa de lastro para navegar com firmeza.

Trabalho, aflição, esforço e necessidade constituem a sorte, no curso da vida, da maior parte das pessoas. Todavia se todos os desejos, tão logo surgissem, já estivessem resolvidos, o que preencheria a vida humana, com que se gastaria o tempo? Se transferíssemos o homem para um utópico país, onde tudo crescesse sem ser plantado, as pombas revoassem já assadas, e cada qual rapidamente encontrasse, sem dificuldade, a mulher amada, sucederia que uma parte dos homens morreria de tédio ou se enforcaria, e a outra parte promoveria guerras, massacres e assassinatos, e dessa forma faria trazer mais sofrimento do que aquele que a natureza impõe. Desse modo, para uma espécie como a dos homens, nenhum outro palco, nenhuma outra existência, se presta.

§ 153

Em conseqüência daquela mencionada negatividade do bem-estar e do prazer, em contraste com a positividade da dor, a felicidade de um certo curso de vida não é avaliado segundo suas alegrias e prazeres, mas sim como positivo, pela ausência dos sofrimentos. No entanto, dessa forma a sorte dos animais parecerá mais suportável do que a do homem. Examinemos-as, então, mais de perto.

Por mais diversas que sejam as formas sob as quais a felicidade e a infelicidade se apresentam ao homem, e o incitam à busca ou à fuga, a base material disso tudo constitui o prazer ou a dor corporal. Tal base é bastante reduzida e engloba: saúde, alimento, proteção do frio e umidade e satisfação sexual, ou então a carência destes. Portanto, no que se refere a prazeres físicos reais, o homem tem tanto quanto o animal, exceto enquanto seu sistema nervoso de potência superior amplia a sensação dos prazeres; todavia, amplia também a sensação das dores. Mas, comparadas às dos animais, o quanto mais poderosas são as afecções no homem excitadas! Com que superior intensidade e profundidade sua sensibilidade é mobilizada! E no fim logra apenas um resultado idêntico, qual seja, saúde, alimento, proteção, etc.

Em primeiro lugar, isso ocorre em razão de, no homem, pelo fato de pensar no futuro, existe um poderoso acréscimo pelo qual preocupações, medos e esperanças, passam a nele atuar de um modo muito mais intenso do que, no caso dos animais, atua a realidade dos prazeres e dores presentes. Ao animal falta, por não ter a faculdade da reflexão, o condensador das alegrias e dos sofrimentos, as quais, dessa forma, não são passíveis de acumulação, como ocorre no homem, pela memória e capacidade de previsão. No animal, o sofrimento do presente, mesmo que repetido muitas vezes, permanece sempre como se estivesse acontecendo pela primeira vez, sem se somar à lembrança das outras vezes em que ocorreu. Daí a invejável despreocupação e placidez dos animais. Por outro lado, em função da reflexão, desenvolve-se no homem, a partir daqueles elementos do prazer e do sofrimento que o animal com ele tem em comum, um acréscimo da sensação de sua felicidade e infelicidade, que pode levar ao momentâneo encantamento, ou ao suicídio desesperado. Em uma descrição mais detalhada, o processo é o seguinte: de início supridas apenas com um pouco mais de dificuldades do que as dos animais, o homem amplia suas necessidades propositadamente, para desse modo aumentar o prazer, decorrendo daí coisas como luxo, comidas finas, tabaco, ópio, bebidas alcoólicas, pompas, etc. Também em conseqüência da reflexão, surge uma outra fonte de prazer e por conseguinte também de sofrimento, que jorra somente para ele, exigindo uma atenção descomunal, que é quase superior a todas as outras fontes, a saber, ambição e sentimento de honra e vergonha. Trata-se da sua opinião da opinião de outros a seu respeito, que se torna, sob inúmeras e freqüentemente estranhas figuras, a finalidade de quase todas as suas pretensões além do prazer físico ou da dor. Embora os homens, a mais que os animais, tenham os prazeres intelectuais, que lhes proporcionam muitas graduações, desde a brincadeira mais ingênua, até as mais elevadas realizações do espírito, do lado oposto, o dos sofrimentos, encontra-se o tédio, o qual, pelo menos em estado natural, o animal não conhece, e apenas os animais mais inteligentes, domesticados, experimentam algum leve traço deste; mas, no que concerne aos homens, esse sentimento é um verdadeiro tormento, em especial naquela multidão deplorável daqueles que só pensam em encher o bolso, mas nunca a cabeça, e para os quais precisamente a própria abastança se torna um castigo, por deixá-los à mercê de um tédio mortificante, do qual, para fugir, ora se apressam, ora se arrastam, ora se transferem de um lugar para outro, para, no instante mesmo em que se encontram no novo local, procurar saber a respeito dos recursos deste, do mesmo modo que faria uma pessoa em dificuldades, com relação aos possíveis meios para sair desta má situação; pois, sem dúvida, a necessidade e o tédio constituem os dois pólos da vida humana. Por fim, cumpre ainda dizer que, diferentemente do animal, no homem associa-se à satisfação sexual uma escolha obstinada, que vem a ser o amor mais ou menos passional, tema ao qual dediquei um detalhado capítulo, no segundo volume de minha obra principal; tal escolha é origem de sofrimentos duradouros e alegrias passageiras.

Entretanto, é notável como, pela adição do pensamento, coisa de que carecem os animais, sobre a mesma estreita base dos sofrimentos e das alegrias (esta sim em posse comum com os animais) ergue-se o enorme edifício da felicidade e da infelicidade humana, pelo que sua disposição emocional está entregue a afecções, paixões e abalos tão intensos, que a marca destes últimos se fixa, nítida, permanentemente em sua face; mas, no fim, trata-se das mesmas coisas que o animal obtém, porém com um gasto incomparavelmente menor de afecções e angústias. Conseqüentemente, no homem a medida da dor cresce muito mais do que a medida do prazer, e uma forma especial se intensifica por ele efetivamente ter o conhecimento acerca da morte; ao passo que o animal foge instintivamente da morte, sem propriamente ter o conhecimento dela, ou seja, sem jamais verdadeiramente encarar a morte; os homens, porém, a tem sempre em perspectiva. Embora apenas uns poucos animais morram de morte natural, a maior parte deles tem tempo suficiente para multiplicar a espécie, tornando-se a seguir (e às vezes até antes), presa de um outro animal; por outro lado, somente o homem conseguiu que, em sua espécie, a morte natural constituísse regra, contudo sofrendo consideráveis exceções; por essa razão, os animais novamente estão em vantagem. Acresce que o homem atinge o objetivo efetivamente natural de sua vida tão raramente quanto os animais, em razão de sua conduta contrária à natureza, seus esforços e paixões, bem como a degeneração da espécie originada por todos esses fatores.

Os animais se satisfazem com a simples existência em um grau muito maior que os homens. As plantas satisfazem-se inteiramente; o homem, em conformidade com o grau de seu embrutecimento. Por conseguinte, a vida animal guarda menos sofrimento, mas, por outro lado, menos alegrias do que a vida humana. A razão disso, em primeiro lugar, é que, se por um lado o animal permanece livre da angústia e preocupação, por outro lado, por dispensar a esperança, não participa daquela antevisão de um futuro alegre, que se faz por meio dos pensamentos, proveniente da imaginação, origem da maior parte de nossas maiores alegrias e prazeres, e, portanto, nesse sentido, é sem esperança. Sua consciência é limitada ao instinto, e por conseguinte, ao presente; apenas de um modo instintivo experimenta medo e (em um grau muito pequeno) esperança de algum prazer; ao passo que a consciência humana tem um campo de visibilidade que abarca a totalidade da vida, e mesmo a ultrapassa. Entretanto, em conseqüência também desse fato, os animais, em comparação aos homens, parecem muito mais sábios, em um certo sentido: na fruição serena e imperturbável do presente. Os animais são o presente corporificado; sua visível tranqüilidade muitas vezes causa vergonha a nosso próprio estado, quase sempre aflito e insatisfeito, por pensamentos e preocupações. Mesmo os prazeres da esperança e da antecipação têm seu preço, pois o prazer antecipado de alguém, que decorre da esperança e expectativa de uma satisfação, depois é subtraído do prazer efetivo, ao ser a coisa mesma menos satisfatória. Por sua vez, o animal fica à margem desse prazer antecipado e de suas conseqüências, gozando então o presente na sua totalidade e sem alteração. Do mesmo modo, os males oprimem o animal apenas com seu peso real e próprio, ao passo que, para os homens, o medo e a previsão com freqüência multiplicam em muitas vezes esse peso.

É exatamente essa dissolução total no presente característica dos animais, que contribui bastante para a alegria que nos fazem sentir os nossos animais domésticos: eles são a personificação do presente, e tornam sensível a nós, em alguma medida, o valor de cada instante despreocupado e sereno, enquanto, no mais das vezes, não damos atenção ao presente, ultrapassando-o em pensamento. Porém, essa propriedade dos animais, de se contentar mais que nós com a simples existência, os fazem vítimas do abuso de pessoas egoístas e más; tais pessoas, muitas vezes, obrigam seus animais a nada mais desfrutar que a simples existência: o pássaro, cuja constituição o permitiria percorrer o mundo, é preso em um espaço exíguo, onde morre cantando em lenta agonia:

> *l'uccello nella gabbia*
> *Canta non di piacere, ma di rabbia,* [1]

O mesmo sucede ao cão, o tão inteligente e mais fiel amigo do homem, que vive preso por correntes! Não consigo ver um cachorro preso sem experimentar imensa compaixão por ele e profunda indignação contra seu dono, e lembro-me com satisfação do caso relatado no *Times*, há alguns anos, em que um lord, dono de um imenso cão, que mantinha sempre acorrentado, certo dia, passeando pelo jardim, tentou acariciá-lo, e como resposta o cão arrancou-lhe o braço — e com toda razão! Com isso certamente queria dizer: "Não és meu dono, mas meu demônio, fazendo um inferno a minha curta existência". Que todos que deixam seus cães acorrentados sofram o mesmo!

§ 154

Se da nossa discussão precedente podemos concluir que a capacidade cognitiva superior é aquilo que torna a vida do homem mais cheia de sofrimento do que a vida do animal, então podemos chegar com isso a uma lei mais geral, e desse modo alcançar uma visão bem mais ampla.

O conhecimento em si mesmo é sempre indolor. A dor atinge tão-somente a vontade, e define-se pela obstrução, entrave, cruzamento, a esta última, mas para isso é necessário que tal obstrução seja acompanhada pelo conhecimento. Pois, do mesmo modo que a luz ilumina o espaço apenas quando existe um objeto para refleti-la; que o som precisa de ressonância, e o som só se torna audível quando ondas de ar em vibração se quebram contra corpos rígidos (razão pela qual em picos isolados de montanhas se torna demasiado fraco, e mesmo no canto ao ar livre causa efeito mínimo); assim também a obstrução da vontade, para ser sentida como dor, necessita ser acompanhada pelo conhecimento, ao qual, em si, qualquer dor é estranha.

[1] "O pássaro na gaiola canta não de alegria, mas de raiva."(N. do T.)

A dor física é condicionada por nervos e suas ligações com o cérebro, razão pela qual o ferimento de um membro não é sentido se os nervos que dele conduzem ao cérebro forem cortados, ou se o cérebro for posto fora de ação por meio do uso de clorofórmio. Precisamente por isso, tão logo é extinta a consciência pela morte, consideramos indolores todas as contrações. Que seja a dor espiritual condicionada pelo conhecimento, compreende-se por si; que cresça segundo o grau do conhecimento, pode ser constatado facilmente, tanto pelo que foi exposto agora, como pelo que expus em minha obra principal (primeiro volume, parágrafo 56). Podemos, então, exprimir graficamente toda a relação, conforme segue: a vontade é a corda; seu cruzamento ou obstáculo, sua vibração; o conhecimento, a caixa de ressonância; e a dor é o som.

Assim, tanto o inorgânico quanto a planta não são capazes de dor, por mais obstáculos que a vontade sofra em ambos. Por outro lado, todo animal, até um infusório, é capaz de sofrer dor, pois o conhecimento, ainda que imperfeito, é o verdadeiro caráter da animalidade. À medida que ocupam lugar mais alto na escala da animalidade, sua dor cresce nessa mesma proporção. Assim, nos animais mais inferiores, é bem limitada; é por esse motivo que, por exemplo, insetos que arrastam atrás de si o corpo arrancado, preso somente por um fio, ainda assim são capazes de comer. Todavia, mesmo nos animais mais superiores, a dor ainda não chega nem perto daquela que o homem sente, e isso em virtude da ausência, no caso dos animais, dos conceitos e do pensamento. Aliás, a capacidade para a dor deveria atingir seu máximo apenas quando, em função da presença da razão e a subseqüente reflexão, também existe a possibilidade da negação da vontade, pois, sem esta última, a capacidade para a dor seria uma crueldade sem sentido.

§ 155

Na infância, nos situamos frente ao futuro de nossa vida, tal qual as crianças frente à cortina do teatro, na alegre e tensa expectativa das coisas que virão. É uma sorte não sabermos o que efetivamente virá, pois para quem sabe poderá, às vezes, parecer que as crianças são delinqüentes inocentes, condenadas não à morte, mas à vida, as quais ainda não ouviram o conteúdo de sua condenação. Não obstante, ainda assim, todos querem para si uma vida prolongada; por conseguinte aspiram a um estado em que a situação é: "Hoje está mal, amanhã será pior, até que sobrevenha o mal definitivo".

§ 156

Se considerássemos a soma da necessidade e sofrimento de toda ordem que o sol, durante o seu curso, ilumina na terra, fatalmente teríamos de admitir que seria preferível que, da mesma forma como fez no caso da lua, o sol não tivesse originado na terra o fenômeno da vida, e que seria preferível que tanto na lua quanto na terra a superfície continuasse em estado cristalino.

Igualmente podemos conceber nossa existência como um episódio a perturbar, inutilmente, a bem-aventurada paz do nada. Sem dúvida, mesmo aquele que viveu de modo mais suportável percebe que, no todo, a vida é um *disappointment, nay, a cheat,*[2] ou, por outra, traz o caráter de uma enorme mistificação, quando não, ostentação. Quando dois amigos de infância se reencontram depois de muitas décadas de separação, agora já anciães, a impressão que prevalece (e que a visão um do outro estimula em ambos, pois se prende à lembrança de tempos passados) é a de todo o *disappointment* sobre sua vida como um todo, que era tão promissora na luz matinal da mocidade, mas que tão pouco cumpriu. Tal impressão domina tão fortemente o seu reencontro, que nem julgam necessário pô-la em palavras, mas pressupondo-a reciprocamente, continuam a conversa, tendo-a por base.

O que viveu por mais de duas ou três gerações tem a mesma impressão que a que têm os espectadores das representações dos charlatães nas feiras, ao permanecerem sentados observando a representação sendo repetida duas ou três vezes: as coisas foram calculadas apenas para uma representação, e desse modo não causam mais nenhum efeito, depois de ter desaparecido a ilusão e a novidade.

É de enlouquecer contemplar o esforço demedido das inúmeras estrelas fulgurantes, fixas no infinito, com nenhuma outra obrigação que não a de iluminar mundos que são palco da necessidade e da miséria, e que em seu melhor exemplo oferece tão-somente tédio — a se acreditar, pelo menos, nas provas por nós conhecidas.

Ninguém é muito invejável, mas muito são os muito deploráveis.

---

[2] Isto é, frustração, nada, trapaça (respectivamente). (N. do T.)

A vida é uma tarefa a ser realizada, e nesse sentido, *defunctuns* é uma bela expressão.

Suponhamos que o ato da procriação não fosse uma necessidade e nem viesse junto com prazer, mas fosse um assunto de pura reflexão racional: será que nesse caso a humanidade continuaria a existir? Ou, pelo contrário, cada um teria compaixão suficiente para não impor, com tanta frieza, o fardo da existência à geração seguinte? Pois o mundo constitui o inferno, e os homens dividem-se em dois grupos: de um lado ficam os atormentados, e do outro, os demônios. Neste ponto, só porque exprimo as coisas tais como elas são, terei de ouvir de novo que minha filosofia é desesperadora, preferindo, as pessoas, que eu dissesse que Deus fez tudo segundo o melhor. Que essas pessoas, então, se dirijam à igreja, e deixem os filósofos em paz. Ou, pelo menos, que não exijam que os filósofos disponham suas doutrinas de forma a corresponder aos seus anseios. Isso, quem faz, são os filosofastros e os trapaceiros, aos quais podem-se encomendar doutrinas conforme ao gosto.[3]

Brama cria o mundo por uma espécie de pecado original ou engano, porém ele mesmo continua no mundo, até que expie ou se liberte desse pecado. No budismo, o mundo surge em conseqüência de um turvamento inexplicável, depois de uma paz prolongada, na luminosidade celeste do estado bem-aventurado do *nirvana,* originado por uma penitência, isto é, por um tipo de fatalidade, que, todavia, no fundo deve ser entendida de um modo moral, embora também apresente um quadro análogo físico, em função do surgimento inexplicável daquele turvamento originário; mas, em seguida, por causa de falhas morais, também fisicamente torna-se gradativamente pior, até o ponto de apresentar o triste aspecto de agora. Muito bem! Entre os gregos o mundo e os deuses eram obra de uma necessidade misteriosa: isto é admissível, pelo menos ao nos satisfazer de início. Ormuzd vive em luta com Ahriman: também perfeitamente admissível. Porém, não dá para admitir, em absoluto, um tal deus Jeová, que *animi causa* e *de gaieté de coeur*[4] cria este mundo da necessidade e da miséria, e a seguir congratula-se a si mesmo, dizendo que todas as coisas são belas. Assim, se vemos a religião

---

[3] Nota de Schopenhauer — Abalar o otimismo obrigatório dos professores de filosofia é uma tarefa não só fácil, como agradável.

[4] Respectivamente, "por vontade própria, e "livremente". (N. do T.)

judaica ocupar a mais inferior posição a esse respeito, entre as doutrinas religiosas de povos civilizados, isto está perfeitamente de acordo com o fato de que ela é, também, a única inteiramente destituída de uma doutrina da imortalidade, doutrina da qual não tem nem o mais pálido traço.

Ainda que a demonstração feita por Leibniz de que, de todos os mundos possíveis, este é o melhor, fosse correta, ela não forneceria uma teodicéia. O criador não criou apenas o mundo, mas também a própria possibilidade: dessa forma, deveria ter disposto essa possibilidade de maneira a permitir um mundo melhor.

Contudo, opondo-se a uma tal concepção do mundo enquanto a bem-sucedida obra de um ser onisciente, clamam demasiadamente forte a miséria (de que o mundo está repleto), e a evidente imperfeição, se não burlesca distorção, daquele que seria o mais perfeito de seus fenômenos, qual seja, o humano, e aqui reside uma dissonância inconciliável. Ao contrário, tanto a miséria quanto a imperfeição confirmam de modo preciso a nossa posição, comprovando-a quando concebemos o mundo como obra de nossa culpa. Se este fosse o melhor dos mundo, a miséria e a imperfeição configurar-se-iam em amarga acusação contra o criador, oferecendo ocasião ao sarcasmo; ao passo que a hipótese do pecado original nos leva ao reconhecimento de que, como filhos de pais displicentes, já chegamos ao mundo dotados de culpa, e unicamente porque devemos continuamente expiar tal culpa, nossa existência se torna tão miserável e tem como fim a morte. É correto, pois, que aquilo que provoca o imenso sofrimento do mundo é o grave pecado do mundo: e aqui estamos indicamos, não a conexão físico-empírica, mas a conexão metafísica. Segundo esse ponto de vista, somente a história do pecado original me reconcilia com o Antigo Testamento, a qual constitui, a meu ver, a única verdade metafísica do referido Testamento, (embora se apresente sob a forma de alegoria) —, pois com nenhuma outra coisa nossa existência se assemelha tão perfeitamente quanto com a seqüência de um passo em falso e de um desejo condenável. Não posso deixar de recomendar ao leitor que faz uso da inteligência, uma consideração popular, contudo muito profunda, sobre esse assunto, de autoria de Cláudio, que manifesta o espírito essencialmente pessimista ao cristianismo, que pode ser encontrado na quarta parte do *Wandsbecker Bote*, sob o título "Amaldiçoada seja a seara por tua causa".

Para ter sempre à mão uma bússola segura que nos oriente na

vida, e para observar esta vida sempre com luz apropriada, que permita que nunca nos enganemos, nada é melhor que o hábito de considerar este mundo como local de penitência, e portanto, também, como instituição penal, *a penal colony,* uma *ergastérion,* como já a chamavam os mais antigos filósofos (cf. Clem. Alex., *Strom.* III, c. 3, p. 399) e, entre os anciães cristãos, Orígenes o afirmava com louvável ousadia (cf. Agostinho, *De Civitate Dei,* L. XI, c. 23). Essa concepção encontra sua justificativa teórica e objetiva não apenas em minha filosofia, como também na sabedoria de todas as épocas: no bramanismo, budismo, [5] em Empédocles e Pitágoras; também Cícero afirma (*Fragmenta de philosophia,* volume 12, p. 316, ed. Bip.) que ensinavam os antigos sábios, na iniciação nos mistérios: *Nos ob aliqua scelera suscepta in vita superiore, poenarum luendarum causa natos esse.* [6] Profundamente vigorosa é a expressão de Vanini, a quem era mais fácil queimar do que refutar: *Tot tantisque homo repletus miseriis, ut si Christianae religioni non repugnaret, dicere auderem: si daemones dantur, ipsi, in hominum corpora transmigrantes, sceleris poenas luunt.* [7] (*De admirantis naturae arcanis,* diál. L, p. 353). Todavia, mesmo no cristianismo autêntico e bem compreendido, nossa existência é concebida como conseqüência de uma culpa, uma falha. Depois de assumirmos aquele hábito, disporemos então nossas expectativas acerca da vida de maneira a se adequarem à coisa e, desse modo, consideraremos as contrariedades, sofrimentos, aflições e necessidades dessa existência, em geral e em particular, não mais como uma coisa inesperada e contrária à norma, mas totalmente em ordem, e completamente

---

[5] Nota de Schopenhauer — Para ter paciência em sua vida, e para suportar com serenidade os males e os homens, nada mais útil que um ensinamento budista como este: "Isto é *Sansara*, o mundo do prazer e do desejo, e, por conseguinte, do nascimento, da doença, do envelhecimento, e da morte: é o mundo que não deveria ser. E isto aqui são os habitantes de *Sansara*. Que poderíeis esperar de melhor?" Recomendo a todos que repitam essas palavras, de modo consciente, quatro vezes por dia.

[6] Nascemos para expiar as penas de alguns crimes cometidos em vida anterior. (N. do T.)

[7] O homem tem tantas e tão grandes misérias que, se não fosse incompatível com a religião cristã, ousaria dizer que, se os demônios existem, eles mesmos expiam as penas do crime, transmigrando para os corpos dos homens. (N. do T.)

cientes de que aqui cada um é punido por sua existência, e cada um a seu modo. [8] Juntamente com os males de uma instituição penal, também figura a sociedade que ali encontramos. Como é tal sociedade, aquele que de algum modo merece alguma melhor, o saberá sem minha participação. A bela alma, então, da mesma forma que o gênio, por vezes deve se sentir ali como um nobre prisioneiro político, mantido nas galeras, entre criminosos comuns; por essa razão, procurarão, como estes últimos, isolar-se. E, de uma forma geral, a mencionada concepção nos tornará capazes de contemplar as chamadas imperfeições, como por exemplo a constituição moral, intelectual, e por conseguinte fisionomicamente indigna da maior parte das pessoas, sem estranheza e muito menos indignação, uma vez que sempre teremos em vista o lugar no qual nos situamos e, assim, consideraremos cada homem como um ser que só existe em decorrência de sua culpabilidade, e cuja existência é a expiação do pecado de seu nascimento. É isso o que o cristianismo chama de a natureza pecaminosa do homem, tratando-se, pois, do fundamento dos seres que estão neste mundo — os nossos semelhantes. Estes, ademais, encontram-se, em decorrência da constituição deste mundo, em um estado de sofrimento e de insatisfação — alguns mais, outros menos — inadequado para que se tornem pessoas mais cordiais e participantes; e em sua maioria, o intelecto desses homens mal e mal serve aos propósitos da sua vontade. Essas são as diretrizes que devem orientar nossas expectativas no tocante à sociedade deste mundo; e o que abraça esse ponto de vista poderia reputar o impulso à sociabilidade uma inclinação condenável.

Efetivamente, a convicção de que o mundo e, portanto, o homem, é algo que não deveria ser, é apropriada para nos dotar de tolerância em relação aos outros, pois o que devemos esperar de seres assim? E desse ponto de vista, deveríamos pensar que seria mais apropriado que os homens se tratassem, não como *Monsieur*, *Sir*, etc., mas como "companheiro de infortúnio, *soci malorum, compagnon de*

---

[8] Nota de Schopenhauer — A correta medida para o julgamento de todo homem é que, propriamente, é um ser que não deveria existir, e que expia sua existência por intermédio de inumeráveis sofrimentos e da morte: o que se pode esperar dele? Não somos todos nós pecadores condenados à morte? Primeiramente, expiamos nosso nascimento por meio da vida; e depois, por meio da morte. Isso também é uma alegoria do pecado original.

miséres, my fellow-sufferer". Isso, por mais estranho que possa parecer, se ajusta perfeitamente ao caso, faz jorrar a luz apropriada sobre o outro, recordando o que é necessário: tolerância, paciência, compaixão, amor ao próximo. São coisas indispensáveis a todos os homens, e delas, portanto, somos todos devedores.

§ 156 a

O caráter das coisas deste mundo, especialmente as do mundo humano, não é tanto a imperfeição, como muitas vezes é afirmado, mas a distorção no aspecto moral, intelectual, físico, e tudo o mais.

A desculpa, que vez por outra se ouve para muitos dos vícios, "mas isto é da *natureza do homem*", de maneira alguma é suficiente. Cumpriria, então, replicar: "é exatamente por ser perverso, que é natural; e exatamente porque é natural, é *perver*so". Mas para podermos entender isso, é necessário antes compreender o sentido da doutrina do pecado original. Ao julgar um indivíduo humano, cumpriria sempre ter em vista o fundamento segundo o qual esse indivíduo vem a ser algo que não deveria ser, algo errado e pecaminoso; é aquilo que se chama pecado original, e pelo qual está condenado à morte. Que se pode esperar de semelhante ser? Partindo desse pressuposto, nós o consideraremos com mais tolerância, não ficaremos admirados se seus demônios internos ocasionalmente despertarem e aparecerem, e saberemos dar mais valor ao bem que, a despeito de tudo, se instalou nesse homem, seja por causa do intelecto, seja por qualquer outro atributo. Depois, cumpriria considerar também sua situação, e reconhecer que a vida se traduz por um estado de necessidade e miséria, no qual cada qual precisa lutar e disputar pela existência, razão por que nem sempre apresenta a expressão mais cordial. Por outro lado, se o homem fosse aquilo que todas as religiões e filosofias otimistas pretendem — a obra ou até a encarnação de um deus, e de uma forma geral um ser que deveria ser em todos sentidos, e ser assim como é —, o quanto diferente do que é deveria ser a primeira visão, o reconhecimento mais íntimo, e o relacionamento de cada pessoa com as outras!

Pardon is the word to all (*Cymbeline* ato 5, cena 5). Deveríamos ser tolerantes com qualquer tipo de estupidez, falha e vício, pensando que o que está diante de nós é tão-somente nossa própria estupidez, falha e vício, já que esses são os erros da humanidade, na qual também nos incluímos, e conseqüentemente temos também todas as falhas, até mesmo aquelas que nos causam indignação, apenas porque, neste momento, não as manifestamos. Essas falhas não estão à superfície, mas sim repousam no fundo, e irão se manifestar ao primeiro motivo, exatamente como estamos vendo agora suceder com uma outra pessoa, embora em certos indivíduos seja um determinado tipo de falha que sobressaia, e em outros seja um outro tipo, e, também, não podemos negar, existam alguns que apresentam uma soma maior de propriedades más — pois a diferença entre as individualidades é incalculavelmente grande.

Índice

128

66 • Complemento de Leitura

COLEÇÃO A OBRA-PRIMA DE CADA AUTOR

Da Morte

Metafísica do Amor

Do Sofrimento do Mundo

Arthur Schopenhauer

TEXTO INTEGRAL

MARTIN CLARET

EDITORA MARTIN CLARET
R. Alegrete, 62 - Bairro Sumaré - São Paulo -SP
Cep: 01254-010 - Tel.: (11) 3672-8144 - Fax.: (11) 3673-7146
www.martinclaret.com.br

Nome ______________________________________

Série _____ Grau _____ Professor ______________________

Escola ______________________________________

Esclarecimentos:

Este instrumento de trabalho tem por principal objetivo explorar a leitura, trazer ao leitor a oportunidade de refletir e confrontar-se com o texto. Ao nos depararmos com uma obra literária, não podemos desconsiderar o universo contextual do autor e que tipo de reprodução ele realiza. Presente e passado, estilos individuais, de época, conceitos e "pré-conceitos", tudo deve ser confrontado e analisado ao entrarmos em contato profundo com uma obra. Por mais que a arte queira sobreviver por si própria, ela se tornará vazia e "non-sense" se não carregar marcas de humanidade. Por isso, a Editora Martin Claret tem como lema "pensar é causar", convidando você para trilhar os horizontes pedagógicos que aí estão para "ser mais" e "causar" (subentenda-se transformações pessoais e sociais).

Sobre o autor e a obra

Schopenhauer vê o mundo como representação, a essência do mundo estaria naquilo que condiciona o seu aspecto exterior. Este filósofo tem uma visão negativa do mundo e do próprio homem. "É uma verdade incrível como a existência da maior parte dos homens é insignificante e destituída de interesse vista exteriormente, e como é surda e obscura quando sentida interiormente". Esta obra é mais uma publicação da Martin Claret e traz a oportunidade de mergulharmos, conhecermos e nos depararmos com verdades bem diferentes daquelas que nos ensinaram, verdades bem distantes do céu, inferno, do amor divino e da criação infinita do universo por um Deus bondoso e a noção de que fomos criados, mas que não teremos fim, apesar da morte, nossas almas seriam acolhidas pela eternidade. Confrontar-se com opiniões diferentes é o melhor meio de crescermos e desenvolvermos nosso espírito crítico. Boa leitura.

Reflexão

1. Leia o trecho a seguir que reflete o pensamento de Schopenhauer, depois leia o capítulo da obra *Memórias póstumas de Brás Cubas*, intitulado Das Negativas, e compare a visão dos dois autores, argumentando cada uma delas.

"É uma verdade incrível como a existência da maior parte dos homens é insignificante e destituída de interesse vista exteriormente, e como é surda e obscura sentida interiormente." (p. 14)

____

____

____

____

____

____

____

____

____

2. Lendo o trecho transcrito a seguir, explique a visão de Schopenhauer sobre a existência humana. "Os homens assemelham-se a relógios a que se dá corda e trabalham sem razão. E sempre que um homem vem a este mundo, o relógio da vida recebe corda novamente, para repetir, mais uma vez, o velho e gasto estribilho da eterna caixa de música, frase por frase, com variações imperceptíveis." (p. 14)

3. Argumente o seguinte pensamento: "Só a espécie tem vida infinita e só ela é capaz de desejos, satisfações e dores infinitos. Mas estes estão encerrados no estreito peito de um mortal — portanto, não é de espantar que ele pareça despedaçar e não consiga exprimir o pressentimento da delícia ou dor infinitas que o invade." (p. 100)

4. Releia o trecho transcrito e explique a visão de amor que está encerrada nestes comentários de Schopenhauer. "Contudo, no meio do tumulto, notamos os olhares de dois enamorados, se encontram plenos desejos — mas por que com tanto mistério, por que assim com tanto medo e às escondidas? Porque esses enamorados são os traidores que em segredo tramam perpetuar toda a miséria e tormentos que, sem eles, logo teriam um fim — um fim que eles queriam impedir, da mesma maneira, que antes deles, seus semelhantes fizeram." (p.110)

5. Qual a concepção da felicidade e infelicidade transmitida pelos comentários de Schopenhauer "Se o sentido mais próximo e imediato da nossa vida não é o sofrimento, nossa existência é o maior contra-senso do mundo. Pois constitui um absurdo supor que a dor infinita, originária da necessidade essencial à vida, de que o mundo está pleno, é sem sentido e puramente acidental. Nossa receptividade para a dor é quase infinita, aquela para o prazer possui limites estreitos. Embora toda infelicidade individual apareça como exceção, a infelicidade em geral constitui a regra."

6. Como você interpretaria estas palavras do filósofo: "A metafísica poderia, talvez fornecer esta resposta: 'eu fui sempre; na verdade durante aquele tempo todos aqueles que diziam *eu*, eram eu mesmo'." (p. 28)

7. "Minha alma nasceu de coisa alguma coisa; por isso ela não irá para o nada, uma vez que ela vem de algo. (...) Mas para quem considera o nascimento do homem como o seu começo absoluto, a morte tem de ser o fim absoluto;..."(p.51). Confronte estes pensamentos com a concepção de vida e morte, eternidade ou não da alma com a visão cristã.

8. Explique o posicionamento de Schopenhauer em relação à vida e morte: "..., pode-se afirmar que o homem, enquanto fenômeno, é efêmero, embora ele não seja do mesmo modo.

afetado por isso em seu ser verdadeiro, e que, em si, sua essência é em si indestrutível, ainda que não se pode atribuir a esta permanência alguma, em razão da eliminação de todas as noções que ela comporta."

9. O que é metafísica? Como você justifica e interpreta o título desta obra: *Da Morte / Metafísica do Amor / Do Sofrimento do Mundo*?

10. Faça um breve texto dissertativo discutindo as concepções de Schopenhauer em relação ao amor, à felicidade, e à existência humana.

Suporte Pedagógico Editorial

CRISTINA SPECHOTO: spechoto@martinclaret.com.br
MAURO ARAUJO DE SOUSA: mauroade@martinclaret.com.br
SILVIO SANTANNA: annasant@martinclaret.com.br

Responsável por:

DA MORTE / METAFÍSICA DO AMOR / DO SOFRIMENTO DO MUNDO: Profa. Cristina Spechoto